JN086225

「お金の不安」から自由に
なるための

お金が
増える
強化書

上岡正明

アスコム

あなたも「経済的自由人」になりませんか

経済的自由人――。
働かなくても、
入ってくるお金で生活できる人。

その気があれば――

あなたもきっとなれます。

今からでも間に合います。

「経済的自由人」と聞いて、
おそらくあなたは、

「そんなことは無理だ、もう間に合わない」

「そもそも知識も元手もない」

そう思ったでしょう。


でも、そんなことはありません。

私の友人たちのケースでシミュレーションしてみましょう。

▼会社員（女性 32歳）年収３５０万円

▼30代になって老後を意識し始めた。気がつけば貯蓄はゼロ。しかし、資産運用は未経験。知識もないし、かといってリスクも負いたくない。とりあえず、上岡メソッドで「つみたてＮＩＳＡ」からスタート。

資産0円

←上岡メソッド導入←

30年で 2000万円

▼夫（会社員 50歳）年収580万円
妻（パート 44歳）年収140万円
▼長男の大学受験のために資金を貯めてきたものの、家のローンの返済もあわせると、今後のことが心配。
▼中学生の長女の教育資金を確保しておくためにも、「つみたてNISA」に加えて、投資を始めた。

資産200万円

⬅ **上岡メソッド導入** ⬅

20年で 2100万円

▼夫（会社員 62歳）年収700万円
妻（専業主婦 56歳）

▼自宅購入や子どもの教育費で思うように貯金できなかった。退職を目前にして、老後資金を増やして安心したい。まずは退職金を元手に上岡メソッドを始めた。

資産800万円

← **上岡メソッド導入** ←

10年で 3300万円

あなたに必要なお金を
ローリスクで増やしていく
＋
人生の夢をかなえる

知識がなくても、少額からスタート。
何歳から始めても、「お金の不安」から解放される。

これが「**上岡メソッド**」です。

お金が増えない人には5つの特徴があります。

①自己投資を軽視している
②投資する元手（タネ銭）がない、時間がない、知識がない
③投資のリスクを恐れている
④自分に合った投資法がわからない
⑤お金を浪費してしまう

「できない理由」なんて、数え上げればいくらでもあります。
だから、「できない理由」のことばかり考えていないで、
とにかく行動を起こすことが何より大切です。

そう、元手も時間も知識も必要ない。
あなたに足りないのは、
ちょっとした「勇気」と「やる気」だけ。
それだけで、あなたは「経済的自由人」になれます。
あなたにもチャンスはあるのです。
「経済的自由人」になるのは、
不可能ではありません。

さあ、
一日も早く「お金が増える波」に乗りましょう。
波乗りのための「上岡メソッド」を、
私があなたにお教えします。

このメソッドを身につければ、
〝億(おく)り人〟になることも
けっして夢ではないのです。

はじめに――あなたも「お金が増える波」に乗ろう！

私には、いくつもの肩書があります。宣伝PRのコンサルティング会社の経営者。プロの個人投資家。そして、チャンネル登録者数15万人を超えるYouTuber。累計55万部を超えるビジネス書の著者。さらに脳科学の研究者。ときには大学で講師を務めることもあります。

このようにさまざまな分野で活動できているのは、なぜでしょうか？

それは私が**「経済的自由人」**だからです。つまり、**「働かなくても入ってくるお金で生活できる人」**だからです。

私は働くのが好きなので、めいっぱい働いています。けれど、すでに5億円の資産がありますから、投資の利益だけで毎年、数千万円のお金が勝手に振り込まれます。

実際、今すぐすべての仕事から引退しても生活に困ることはありません。
お金の心配がないから、やりたいことを、やりたいときに、やりたいようにできている。ようするに、**精神的にラクに幸せに生活できています。**これが「経済的自由人」です。

私が経済的自由人になれたのは、「お金が増える波」に乗れたからです。それはどういうことなのか、さっそく解説していきましょう。

お金を増やす方法は3つしかない

お金を増やす方法は、次の3つしかありません。

①サラリーゲイン（本業での利益／給与所得）
「サラリーゲイン」とは、私が作った造語で、あなたが生活の糧(かて)にしている「本業」

で得られる収益のことです。勤め人でない方は、本業で得られる毎月の収入と捉えてください。私は20年近くＰＲ会社を経営していますが、この役員報酬がサラリーゲインということになります。

②サイドゲイン（副業での利益／事業所得）

「サイドゲイン」とは、本業以外の「副業」で得られる収益のこと。私の場合は、YouTuberやビジネス作家、セミナー講師などの活動により得られる収益です。

③キャピタルゲイン／インカムゲイン（投資での利益／金融所得）

「キャピタルゲイン／インカムゲイン」とは、「投資」によって得られる収益です。

例えば、株を買ってその企業の株価が値上がればその分、利益がもたらされます（キャピタルゲイン）。投資先によっては配当金が定期的に支払われることもあります（インカムゲイン）。

不動産でも基本的な仕組みは同じです。土地の売却で得られる利益はキャピタルゲイン、毎月の家賃収入はインカムゲインです。

結局のところ、お金を増やしていきたいとき、これら3つのゲインをいかにして増やしていくかがテーマになります。

お金を増やすというと、つい投資のことばかり考えてしまいがちです。しかし、投資の利益を最大化させるには、実は、「サラリーゲイン」と「サイドゲイン」を増やしていくことが非常に重要になってきます。

とはいっても、私が、会社経営を成功させることのないまま、平均的なサラリーゲインやサイドゲインだけで、40代で5億円のお金を投資で稼ぐことができたかといえば、非常に難しかったと思います。

どういうことかというと、**安定したサラリーゲインやサイドゲインを上手**

に活用すれば、投資に回せるお金が増えて、爆発的な利益を生み出せる可能性が生まれるということなのです。

実際、私が投資を始めたときの元手は50万円でした。そして、サラリーゲインとサイドゲインを増やすことはやめずに、むしろ増やし続けて、そこで得たお金をどんどん投資に回していきました。その結果、30代ですでに2億円を超える資産を築くことができたのです。

安定したサラリーゲインやサイドゲインは別の効能もあります。というのも、投資において、余裕がない状態というのは、とても危険だからです。とくに常に相手がいる株式投資では、不利に働くことになります。

本業や副業で毎月の収入が安定すると、心に余裕が生まれます。投資への不安や恐怖がなくなり、冷静な判断ができるようになります。逆に、本業や副業をおろそかにして収入が不安定だと、心がいつも追い込まれた状態になり、誤った判断をしかねません。

サラリーゲインやサイドゲインという「お金を増やす小さな波」に乗れると、やがて、キャピタルゲインやインカムゲインという「お金を増やす大きな波」に乗れるようになります。小さな波に乗れなければ、いつまでたっても大きな波には乗れません。

本業、副業、投資、それぞれのゲインの波。これら3つ、すべての波を使い分けながら上手に乗りこなし、最後にビッグウェーブを乗りこなす。これが、経済的自由人になるための鉄の掟（おきて）だと心得ておきましょう。

お金が増えない人の5つの特徴

お金が増えないという人の場合、３つのゲインのいずれも増えていないことが少なくありません。

セミナーや講演、YouTubeなどで、よくお金の相談を受けるのですが、みなさんのお話を伺っているうちに、**お金が増えない人には次の5つの特徴がある**ことがわかってきました。

①自己投資を軽視している
②投資する元手（タネ銭）がない、時間がない、知識がない
③投資のリスクを恐れている
④自分に合った投資法がわからない
⑤お金を浪費してしまう

①の「自己投資を軽視している」人とは、本業や副業で「自分で働いてお金を稼ぐ力」が弱いことが多く、サラリーゲインやサイドゲインが少ない人です。

そうした人は、まずは「自己投資」をしてください。自分のスキルやキャリアをアップさせましょう。そうしなければ、いつまでたっても投資に回せるお金を増やせません。（詳細は第1章）

②と③の人は、お金や時間がなかったり、知識がなかったり、リスクが怖くて手を出せないといって、まだ投資をしたことがない人です。

こんな人は、何よりもまず「投資を始める」ことが大切です。

「つみたてＮＩＳＡ」や「ほったらかし投資」といった言葉を聞いたことはあるでしょう。今はタネ銭が少なくても始められ、リスクが少なく、貯金感覚でできる投資法があります。貯金感覚でできる投資は、始めるのが早ければ早いほど大きなリターンを得られます。

知識も時間も必要ありません。始めてしまえば定期的にメンテナンスするだけで、あとはずっと放っておく、というやり方もできます。（詳細は第2章）

④のような投資法に関する相談は頻繁に受けます。

時流や世代、経済状況によって、おすすめの投資法は多少変わってきます。最近は米国株投資がはやりです。私が投資を始めた22年前は小泉バブルのど真ん中で、誰もが日本株に集中投資。その後、中国株やベトナム株のブームがやってきました。

一般の人が投資するにあたっての選択肢は限られています。ですが、**知識とタイミングさえ合えば、年に100万円の利益を手にすることもできる**でしょう。とくに米国株などへの積立投資は、忙しいサラリーマンや投資未経験の方にもおすすめです。（詳細は第3章）

また、リスクを覚悟して短期間で資産形成をしたい人は、第4章もチェックしてみてください。私が5億円を稼ぎ出した「うねりチャート底値買い投資術」をお伝えします。

⑤は、お金を浪費してしまう人です。当たり前ですが、3つのゲインを増やしても、支出が多ければお金は増えません。第5章では、お金を守るための「節約思考」をお伝えできればと思います。地味ですが、とても大切なことです。

まだ投資を始めない人は老後破産する

コロナ禍に見舞われた2020年以降、投資を始める人が急増しました。ネット証券会社の楽天証券では2020年だけで133万口座、SBI証券では80万口座が新規に開設されたそうです。

これは、国や政府に頼っているだけでは自分の生活を守れないという危機感をいだいた人が多かったからです。私が開設した投資情報をお届けするYouTubeチャンネルも、わずか1年で、一気に登録者数を10万人以上に伸ばしました。

あなたがまだ証券口座すら開設しておらず、投資を始めていないのだとしたら、**「自分の生活は自分で守る」という意識が低いと言わざるを得ません。国があなたの老後の面倒を見てくれると思ったら大間違い**です。

２０１９年６月に、金融庁が「老後資金は公的年金のほかに、一人あたり２０００万円必要である」と公表し、大炎上が起こったことは記憶に新しいでしょう。いわゆる「老後２０００万円問題」です。国は「われわれは老後まで面倒は見られないから、自分の生活は自分で守ってくださいね」と匙（さじ）を投げたわけです。

第２章で詳しく紹介しますが、「つみたてＮＩＳＡ」という制度は、国が公的年金だけでは国民生活を守れないため、個人個人が投資をしやすいように作り出した税金の優遇制度。いうなれば〝自分年金〟なわけです。投資の利益に税金がかからないので、利用しない手はありません。

２０２１年現在で、「つみたてＮＩＳＡ」を最大限活用すると、積立金額８８０万円で、最終的には2275万～3286万円まで増える計算になります（現実的な利回りとされる5～7％で計算した場合）。

つまり、「つみたてNISA」を始めた瞬間、月々わずか3万3333円の積立てで、老後2000万円問題はあっさり解決してしまうのです。

「つみたてNISA」を活用していないのに老後資金が心配などと言うのは、歯ブラシがあるのに歯磨きをせず、虫歯が心配だと言うようなもの。「投資はリスクが怖い」という気持ちもわかりますが、過去のデータを見れば、その心配も少しは和らぐはずです。

どんな人でも数千万円は稼げた

123頁の米国株のチャートの動きを見てください。ブラックマンデーやチャイナショック、リーマンショック、直近のコロナショックなどで大きな暴落があっても、きちんと右肩上がりで推移していることがわかります。

投資のど素人でも、リーマンショックの大暴落時に米国株を買って、少しずつ積み立てていれば、大きな資産を築くことができたわけです。

にもかかわらず、いまだに「つみたてＮＩＳＡ」すら始めていない人が多いことに驚きを隠せません。金融弱者にならないためにも、一刻も早く始めるべきです。

投資という新しい行為を始めるのが面倒で、二の足を踏んでいる人もいるでしょう。でも、現在はネットですぐに証券口座を開設できます。証券口座を開設して、自動の積立購入の設定をしてしまえば、あとは何もする必要はありません。基本的には放置です。

少しの手間で老後資金は安心なのですから、すぐに始めないのは単純にもったいなさすぎます。

1日も早く「第3の波」に乗ろう！

「当たり前のことを学び続け、実践し続けることで、誰でも老後の不安を解消する数千万円までは突破できる！」

これが、全部独学で5億円稼いだ投資家としての結論です。

この本では、どうすれば「サラリーゲイン」や「サイドゲイン」を増やせるのか。そのための「自己投資」についての考え方や具体的な方策をお伝えします。

さらに「つみたてＮＩＳＡ」を皮切りとし、「キャピタルゲイン／インカムゲイン」を増やしていくやり方や、私の22年間の投資法を紹介します。具体的にどうすればいいのか、何を購入すればいいのか、現時点のベストの選択肢を提示しますので、ぜひ参考にしてください。

自己投資で「稼ぐ力」を、お金の投資で「増やす力」を、そして節約思考で「守る力」を身につければ、経済的自由人になることは、さほど難しいことではありません。

経済的自由人になれば、生活資金を気にすることなく、自分が本当にやりたいことを、やりたいときに、やりたい場所で、好きなだけできます。自分でコントロールできる時間が格段に増えます。誰かの顔色をうかがって、無理をして働く必要もなくなります。

そんな理想の人生を手に入れるには、今すぐ「お金を増やす」ための行動を起こさなければなりません。ただここで、忘れてはならないことがひとつだけあります。

「お金を増やす」ことは、あくまで理想の人生を送るための「手段」であり、それ自体が人生の「目的」ではないということです。

◆お金を増やす“波乗り”計画とは？

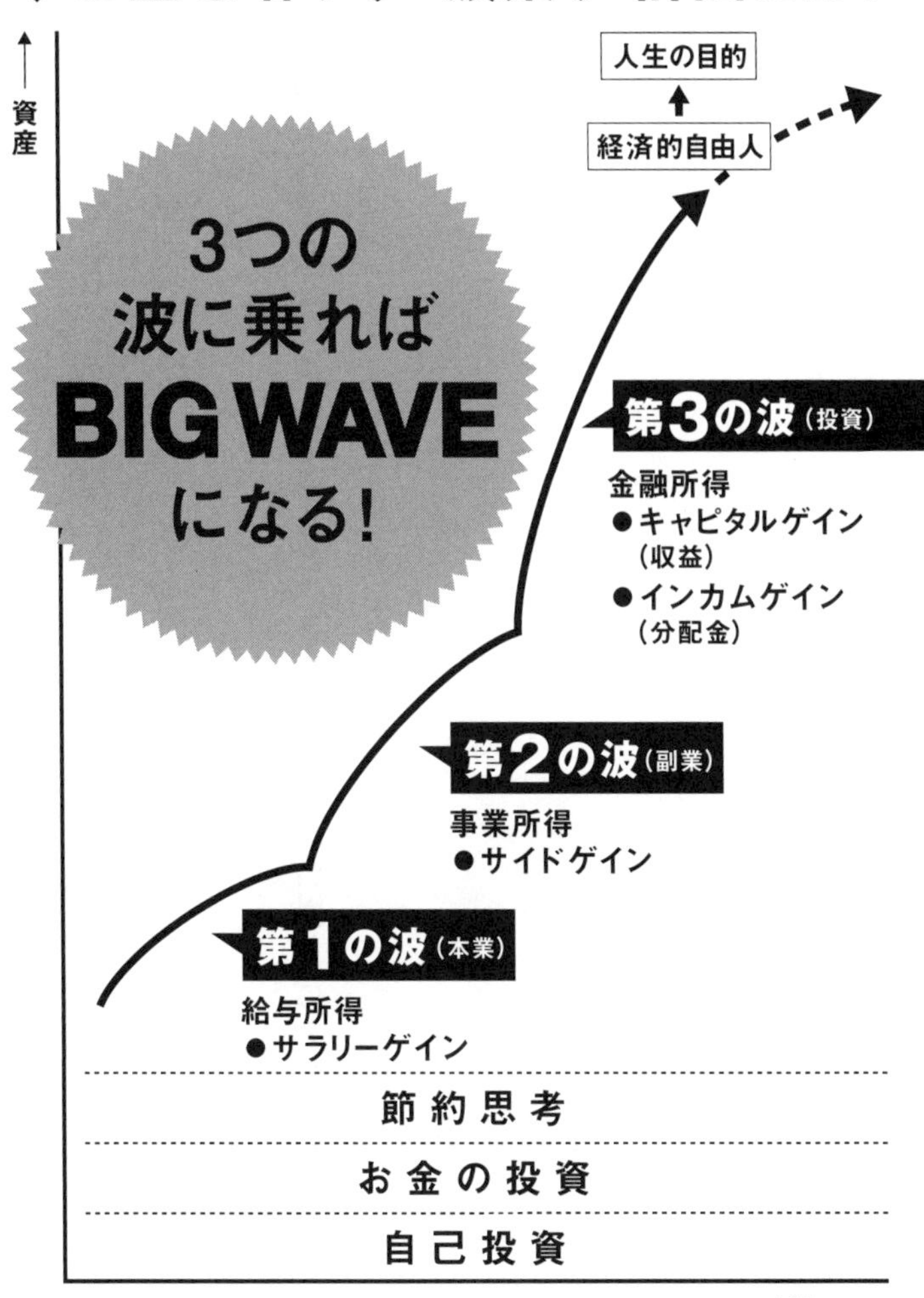

ぜひ本書をきっかけに、自分はなんのためにお金を増やしたいのか、自分自身の人生の目的について、じっくりと考えてみてください。目的が定まれば、「お金を増やす」にあたってのモチベーションも、行動力も、格段にアップするはずです。

お金を増やすのも、人生を変えてくれるのも、行動だけです。本書が、あなたの行動を後押しする一助となることを願っています。

さあ、さっそく始めましょう！

上岡正明

※本書は、特定の金融商品の推奨や投資勧誘を意図するものではありません。最終的な投資の判断は、最新の情報を確認し、ご自身の判断と責任で行ってください。

「お金の不安」から自由になるための

お金が増える強化書

目次

第2章　お金を増やすための安全で最強の投資法

第３章　経済的自由人になる投資銘柄と投資計画

第４章　短期間で億を稼ぐ個別株投資メソッド

第5章 お金を守るためのムダを省く節約思考

第6章 お金が増える投資家マインド

おわりに――目的地へのルートを決められるのは「あなた」だけ

第1章

お金を稼ぐための自己投資術

いつまで安月給で働くのですか

さあ、「経済的自由人」になるための波に乗っていきましょう。

まず、あなたがどの波に乗るべきか、わかっていますね？

そうです、「サラリーゲインの波」です。

あなたが会社から得ている毎月の給与を、フリーランスの人ならば毎月の収入を、最大化させることが経済的自由人になるための第一歩です。

「そんなこと言っても、給与なんて簡単に上がるものじゃないよ」

「これまでも頑張ってきたけど、ほんの少ししかベースアップしない」

「うちの会社は年功序列だから、いくら頑張っても無意味」

そんなネガティブな考えが頭によぎった人は、今すぐ自分の頭を「こつん」してください。人間はもともと変化を望まない生き物ですから、現状維持がいちばんラクなんです。

ただ、ラクな状態にあぐらをかいている間にも、あなたのライバルたちはどんどん先に行ってしまいます。結局、**現状を打破しようと行動を起こした人が、サラリーゲインを増やす波に乗っていける**のです。

まずはこのことを頭に叩き込み、決してネガティブ思考に陥らないようにしましょう。だってあなたは「お金を増やす」ために、あるいは「経済的自由人になる」ために、本書を手にとってくれたんですよね。

「できない理由」なんて、数え上げればいくらでもあります。だから**「できない理由」を考えるのではなく、とにかくサラリーゲインを上げるための行動を起こす**ことが、何より大切になってきます。

あなたがもし、「自分の給料は安い」と不満を持っているのなら、それはチャンスです。

給料が安いほど伸び代があるということですから。

このようなポジティブなスタンスで、サラリーゲインの増やし方について考えていきましょう。

■誰でもサラリーゲインを増やせる

熱く語ったあとで申し訳ないのですが、ここ数年、日本人の給料が上がっていないのは事実です。

日本人の平均年収は、バブル期である1997年の467万円をピークに減少の一途をたどり、リーマンショック後の2009年は406万円にまで下がりました。2018年に441万円まで持ち直したものの、今回のコロナショックで再度減少することは避けられないでしょう。

にもかかわらず、年金や健康保険、介護保険などの社会保険料は、年々上がり続けています。つまり、手取りの給料は、公表されるデータ以上に下がっているわけです。

また、日本はモノやサービスの値段が持続的に上昇しているインフレ社会を目指しています。今はまだデフレですが、近い将来、政府が目指すインフレ社会になることはほぼ間違いないと私は見ています。そのほうが政府にとっては好都合だからです。インフレ社会では、物価上昇に連動して給料が上がっていくことで、家計へのダメージを回避することができます。

しかし日本は、「モノやサービスの値段は高いのに、収入は低いまま」という異常事態が続いています。だから、「マジメに働いているのに給料が全然上がらない。生活もラクにならない」と嘆きたくなる気持ちもよくわかります。

でも、ちょっと待ってください。

先に記した年収の額は、結局のところ平均値にすぎません。すべての人の給料が下がっているわけではなく、まわりを見渡してみると、どんどん給料をアップさせて経済的に潤っている人は数多くいます。

高度経済成長時代は「一億総中流」と言われ、ひとつの会社に定年まで在籍し、多くの人が同じような経済レベルで生活していました。しかし時代は変わり、今は高額所得者と低所得者の格差が生まれ、稼げる人はより稼ぎ、貧しい人はより貧しくなっているのが実情です。

「こんな社会にしたのは誰だ！」と怒っても現状は何も変わりません。

ここで大切なのは、視点を変えてみることです。

今は一流大学を出て一流企業に就職しなくても、その人に稼ぐ力があるのなら、稼げる門戸がいくらでも開かれています。つい先日、まだ中学生のYouTuberが、稼ぐのに義務教育はいらないと発言して、大きな話題となりましたね。

私は義務教育はしっかりと身につけるべきだと思います。一方で、彼の発言も正論です。実際に、彼は年に数千万円以上を稼いでいるそうです。

要するに、**能力やスキルさえ備わっていれば、一昔前に比べて、いくらでも収入を増やしていける時代なのです。**

「自己投資」で自分の市場価値を上げよう

では、サラリーゲインを上げるために、具体的に何をしていけばいいのでしょうか。給与が上がらない理由が、勤めている会社の社風や制度に問題があるのだとすれば、もっといい会社に転職すればいいだけです。つまり「キャリアアップ」です。

そうではなく、あなたが成果を上げられないから給与が上がらないのだとすれば、成果を上げて評価されるために勉強してください。つまり「スキルアップ」です。

キャリアアップするにせよ、スキルアップするにせよ、必要なのは、あなたの市場価値を高めるための「自己投資」です。

あなたという人材を雇うことで、企業はどんなメリットを得られるのか、それを明確に示して実績を積んでいけば、給与はおのずと上がります。

YouTuberのヒカキンさんはスターになる前、寮に暮らしながらスーパーの店員として働いていたそうです。給料日に同僚から飲みに誘われても断り、動画の撮影や編集機材を買うのにお金を使っていたといいます。これこそ「自己投資」です。

目先の快楽のためでなく、キャリアアップやスキルアップのために、お金や時間を「自己投資」できる人が、長い目で見ると大きなリターンを得られるのです。

■会社はあなたを守ってはくれない

自己投資を始めることは、経済的自由人になるための大きな波に乗るために、みずから購入したサーフボードを持って海に飛び込むようなものです。

初めのうちは、海に入ることすらできないかもしれません。でも、そのままグズグズしているうちは、給料は一生増えないし、経済的自由人になるなど夢のまた夢でしょう。

私が経済的自由人になれたのは、まず失敗を恐れずに「海に飛び込んだ」からです。

私は20代の頃、ＭＢＡの勉強をしながら放送作家として働いていました。しかし、望むような収入が得られない状況に甘んじていました。

どうにかして現状を打破しようと始めたのが、自分の市場価値を高めるための自己投資です。当時はお金がなかったので、土日は必ず図書館に行き、ビジネス書を片っ端から読んでいきました。

1日1冊、多いときは2冊以上。参考になる頁はコピーして、ファイリングして持ち歩いていました。あまりの分厚さにカバンに入りきれなくなり、渋々その方法は断念しました。

こうして、いつかは会社を興そうと貪欲にスキルアップを重ねて、失敗を恐れずにサーフボードを持って大海原に飛び込んだのです。

初めのうちは溺れかけるような失敗もたくさんしましたが、そのたびに溺れないための方法を学び、少しずつではありますが、小さな波に乗れるようになりました。

このように、**アクションを起こさないことには、人間に成長はありません。成長がなければその人の市場価値は上がらず、いつまでたってもサラリーゲインを増やせない**でしょう。

自己投資をして成果を出せば、いずれ「出世」というかたちで報われるかもしれません。でもそれは、今から数十年後のことかもしれません。もしそうだとすれば、次の選択肢を考えます。あなたが今の会社に在籍している理由はなんでしょうか。

日本経済が右肩上がりだった時代は、会社は定年まであなたやあなたの家族を守ってくれる「父親」のような存在でした。

しかし時代は変わり、終身雇用は崩壊。会社は父親の役割を放棄し、子どもである社員には「みんな大人なのだから、自分の人生は自分でなんとかしなさい」と突き放したわけです。

そういう状況で、もしあなたが今の会社の待遇やキャリアアップに不満なのであれば、自分なりの選択肢を複数用意すべきです。「自分が抜けたら会社に迷惑をかける」「せっかく雇ってくれたのだから途中で辞めづらい」という理由で転職できないというのならば、自分の人生と真剣に向き合う時間を一度設けるべきかもしれません。

すでに**会社はあなたを守ってくれる親ではない**のですから、もっと多くの選択肢を横に並べてみるべきです。

今の会社にいて、何かいいことがあるのか？

同じ仕事なのに、給料がいい会社はほかにないのか？

誤解してほしくないのは、転職しなければならないと言っているわけではありません。ただ、今の待遇に不満なのであれば、ずっと今の会社にいることに、あまりメリットがないことに気づくことも大切です。

■勉強する人ほど市場価値が高まる

人生には多くの選択肢があります。自分の市場価値を高めることに目を向けるだけで、日々の勉強や仕事にもやりがいが見いだせるようになります。自己成長にかける

◆社会人の1日の読書時間は？

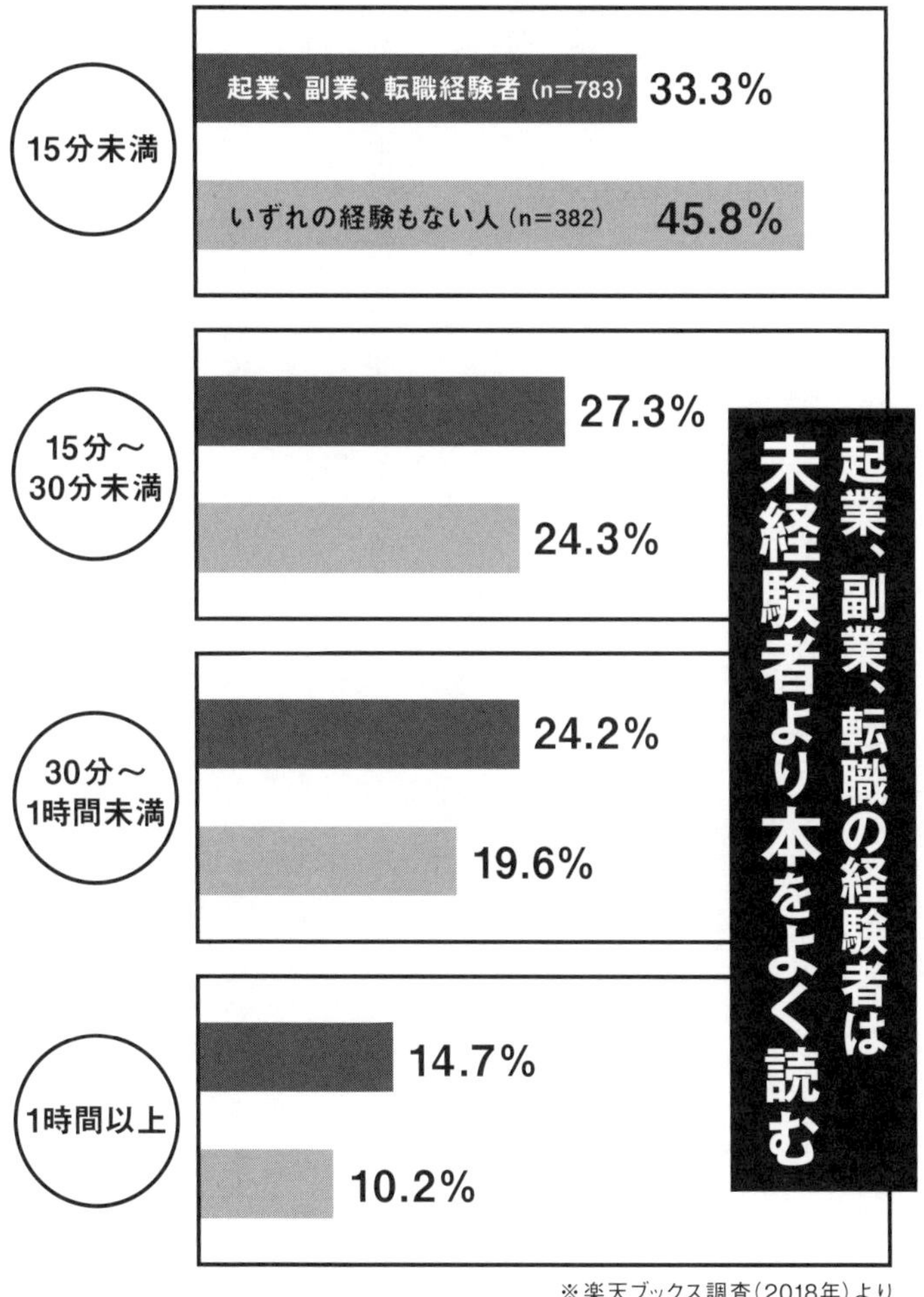

※楽天ブックス調査（2018年）より

時間も多く捻出できるようになるでしょう。

例えば、社会に出た私たち大人は、1日の読書時間が15分未満の人が40％もいます。つまり、月に1冊も本を読まない人もいるということです。

起業、副業、転職経験者に比べて、そうでない人はもっと読まないという結果も出ています。

それから、勉強時間のデータもあります。

1日に勉強する時間がゼロという人は6割を超え、勉強すると答えた人でも、たったの6分です。

年収別に見ると、2000万円台の人は500万円台の人より、圧倒的に勉強しています。これは勉強の結果、収入が増えたと考えるべきです。

平均的に言えば、現状の学習量を引き上げなければ、あなたの市場価値を上げていくことは難しいです。逆にあなたに経歴やスキルがあるなら、転職することでサラリ

◆社会人の勉強時間は？

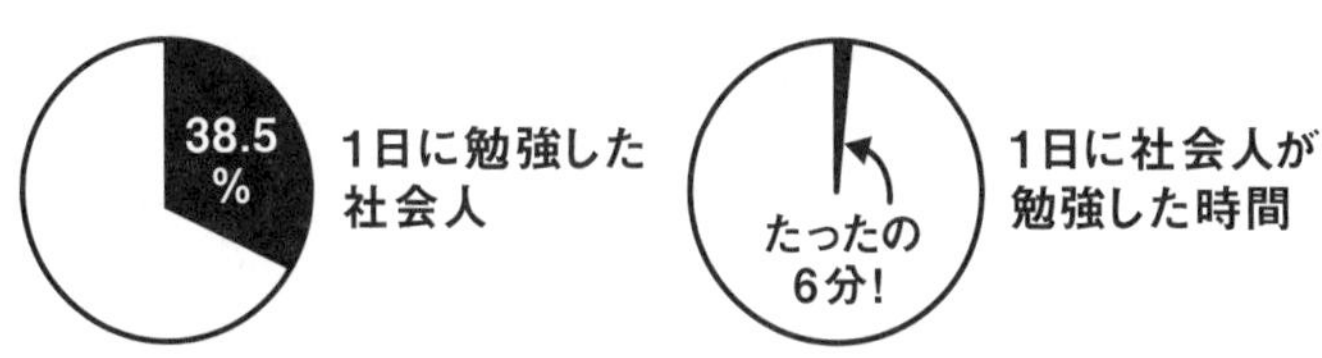

※総務省統計局「平成28年社会生活基本調査」（2016年実施）より

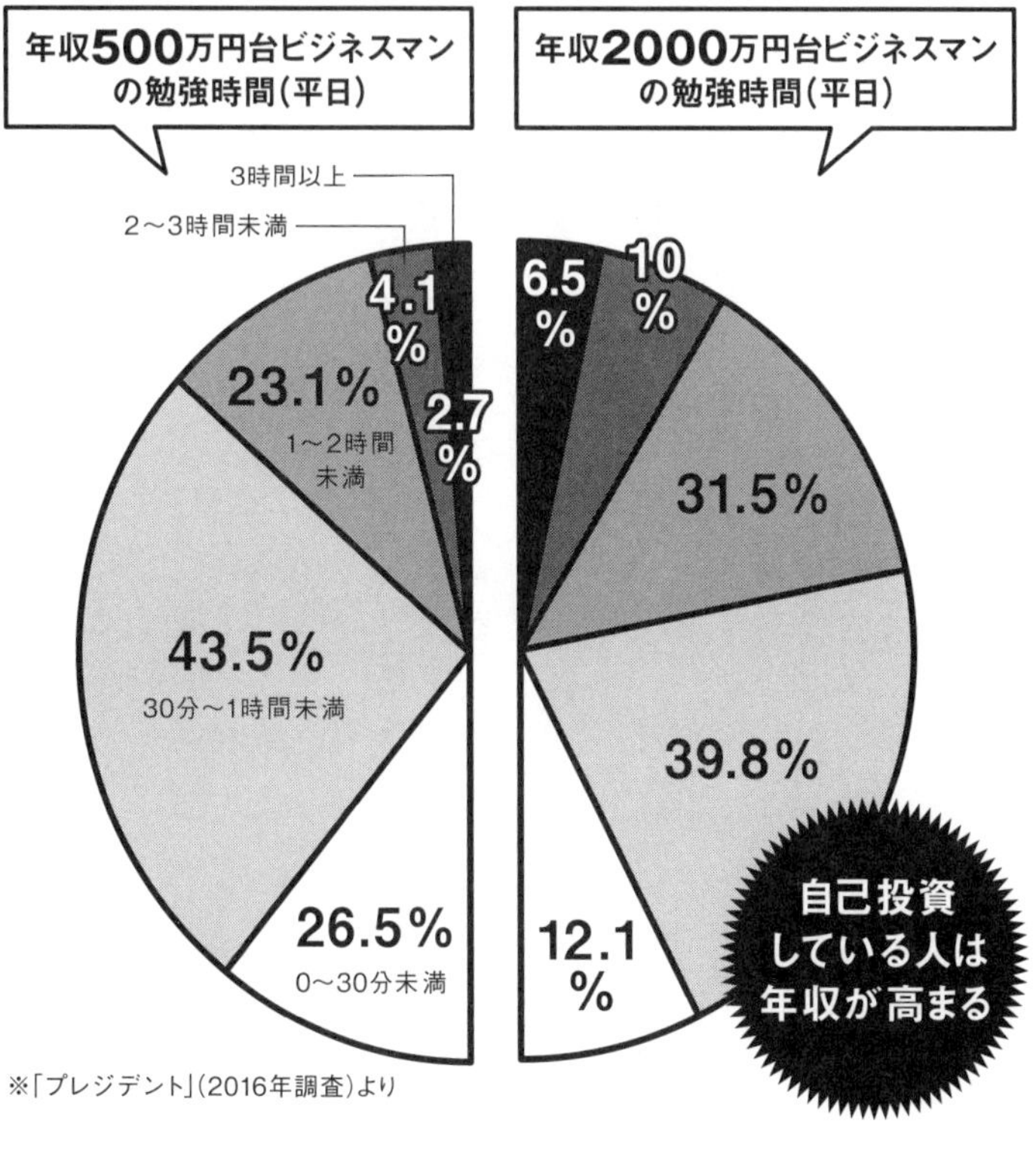

年収500万円台ビジネスマン
の勉強時間（平日）

3時間以上
2〜3時間未満
4.1
%
2.7
%
23.1%
1〜2時間
未満
43.5%
30分〜1時間未満
26.5%
0〜30分未満

年収2000万円台ビジネスマン
の勉強時間（平日）

6.5
%
10
%
31.5%
39.8%
12.1
%

自己投資
している人は
年収が高まる

※「プレジデント」（2016年調査）より

ーゲインをあっさりアップさせられるかもしれません。

結果として転職をすることがなかったとしても、職場での評価が高まり、年収やキャリアがアップする可能性が高まります。

実際、多くの人たちはこの事実にとっくに気づいています。

限られた時間を成長のために使っていく

厚生労働省などの調査によれば、社内でキャリアアップする人の特徴として、自己啓発に力を入れる時間が多いことが挙げられています。つまり、日々勉強して、自己研鑽（けんさん）する人が、社内やチーム内でも評価されやすいということです。

こうした努力ができるのも、自分の適性や市場価値を客観的に分析できてこそです。

人を評価する視点の違いは、次のように3つあります。

①自分を評価する視点（自分視点）
②他人を評価する視点（他人視点）
③自分と他人を真上から見下ろすようにして評価する第三者の視点（メタ視点）

自分をしっかりと評価して、キャリアを積んでいける人は、この3つの視点を上手に使い分けられる人です。

今の自分に不足しているものは何か、不得意な分野はどこで、得意な分野はどこか。会社に必要とされるためには、どの分野を集中して学べばいいのか。そのように**自分を客観的に分析し、自分の「可処分時間」を分配しなおして、戦略を立てて年収を上げていきます。**

お金を稼ぐための「時間管理」とは、このように今すぐ人生の戦略を立てて、目的、目標を明確にすることです。

私は大学の講演などで、いわゆる「タスク管理」と「時間管理（命の管理）」を混同してはいけないと語っています。

一般的なサラリーマンの生涯年収は大卒男子で2・7億円、同女子で2・2億円（労働政策研究・研修機構2019年調査）、ゆとりある老後生活に必要なお金は3億円（りそなグループ）と言われています。ここを伸ばすことが、あなたの人生の限りある時間内で収入を増やす上では、もっとも確実で、かつ手っ取り早いわけです。

自己投資をして、本当にキャリアアップしてしまえば、転職するという選択肢も現実味が増してきます。2010年以来、転職者数は9年連続で増加し、2019年には351万人もの人が転職しています（総務省）。

そして、厚生労働省の「転職者実態調査の概況」では、15～44歳の転職者のうち、実に40％以上が年収アップしています。うち4人に3人は10％以上の昇給、年収500万円なら550万円にアップです。

ここではあえて、将来本当にもらえるかどうかわからない退職金は考慮に入れていませんが、「転職する」というアクションを起こすだけで、仮に50万円も給料が上がるのであれば、選択肢に入れないなんて単純にもったいないと思います。

今すぐ条件のいい転職ができない人は、どんなスキルや能力を身につければ、それが可能になるかを調べて、「自己投資」を始めましょう。

大海原に飛び出したら、あとは波に乗っていけるように努力して、何度でもチャレンジすることです。

失敗してもいいからチャレンジを重ねれば、成長スピードはどんどん高速になり、いつの間にか小さな波には乗れるようになっているでしょう。するとあなたのサラリーゲインはみるみる増えていくことになります。

億万長者の6割が普通のサラリーマン

ところで、あなたはなぜ、お金を増やしたいのですか。

「お金に悩まず好きなことをやって生きていきたい」

「子どものために十分な教育費を用意したい」

「海外旅行をして思い出をたくさん作りたい」

「会社をやめて夢だった事業を始めたい」

「マイホームを買って、ゆっくりと過ごしたい」

あなたが**心の底から願っていることを言葉で明確にしておくと、その目標に向かって「自己投資」を頑張れるものです。**お金を増やしたい理由を曖昧にしていると、モチベーションを保ちにくくなります。

お金を増やしたい理由を言葉にしたら、それを紙に書いて目につく場所に貼っておくか、手帳の1頁目などにメモしておくことをおすすめします。

とくに若いうちから人生の情熱を何にそそぐかを決めて、毎日リストを読み返していると、時間のムダが少なくなります。これは経験上、必ず言えることです。

人間は、とにかく忘れやすい生き物です。自分が掲げている目標を毎日のように目にすると、現在の自分と理想の自分との距離を常に確認でき、その距離を縮めるために頑張ろうというモチベーションを維持しやすくなります。

「お金を増やすために自己投資が欠かせないだなんて、なんだか遠回りをしているな」と感じる人もいるかもしれません。さっさとサラリーマンをやめて経済的自由人になりたいのに、これじゃあ本末転倒じゃないか、とも。

けれど、そうではありません。なぜなら、**日本で「億万長者」になっている人の多くは、実は普通のサラリーマン**だからです。

週刊誌『日経ヴェリタス』（2017年8月13日号）が、日本の個人投資家1000人を調査した「1億円長者の素顔」という特集を組みました。

それによると、1億円の資産を築いた投資家の3割は、本業のあるサラリーマン投資家であることがわかっています。しかも、サラリーマン投資家の世帯年収は1000万円以下の人が4割を占めていたそうです。

拡大解釈になりますが、最初は会社にいながら経験を積んで、うまくいったら専業投資家になったり、いわゆるタネ銭を貯めてから途中で脱サラしたりした人も含めれば、私の感覚では6割にのぼるはずです。

つまり、どこにでもいるような「普通のサラリーマン」が、あなたの知らないところで、続々と「億万長者」になっているわけです。

サラリーマン投資家にはメリットがある

投資で億を稼ぐには、「専業投資家」になることが近道のような気もしますが、実際はサラリーマンを続けながら稼いでいた人が非常に多いのです。

なぜ「サラリーマン投資家」が成功するのか。それは、本業によるサラリーゲインが確保されていると、投資に向き合うときに心の余裕を持てるからです。

専業投資家は、投資で失敗したら、そのまま海で溺（おぼ）れて死んでしまう危険性があります。それがサラリーマン投資家なら、仮に投資で失敗しても、サラリーゲインがあるおかげで、何度でも自分のタイミングで波に乗り続けることができます。いつかまた投資資金が貯まったら、再び大きな波乗りにチャレンジできるわけです。

実際、サラリーマン投資家が専業トレーダーになると、急に心理的余裕がなくなって勝てなくなる、というのはよくあることです。

投資で日々の生活費はおろか、いざというときのための余裕資金や子どものための将来の進学費用まで稼がないといけない、というプレッシャーが、それまでと違った焦りや恐怖を生み出してしまうのです。

心に余裕がなくなると、視野も狭くなります。次頁の自動車事故のグラフのように、心が動揺すると思わぬ判断ミスを起こし、事故を誘発するという調査結果があります。

つまり、本業を持っているということは、心の動揺がない状態であり、投資をする上でメリットしかありません。だからこそ、できるかぎりサラリーゲインを増やして、投資にお金を回していくことが、個人投資家の必勝パターンだといえます。

そのためには、とにもかくにも「自己投資」が必要なのです。

◆投資の失敗の原因は自動車事故と似ている！

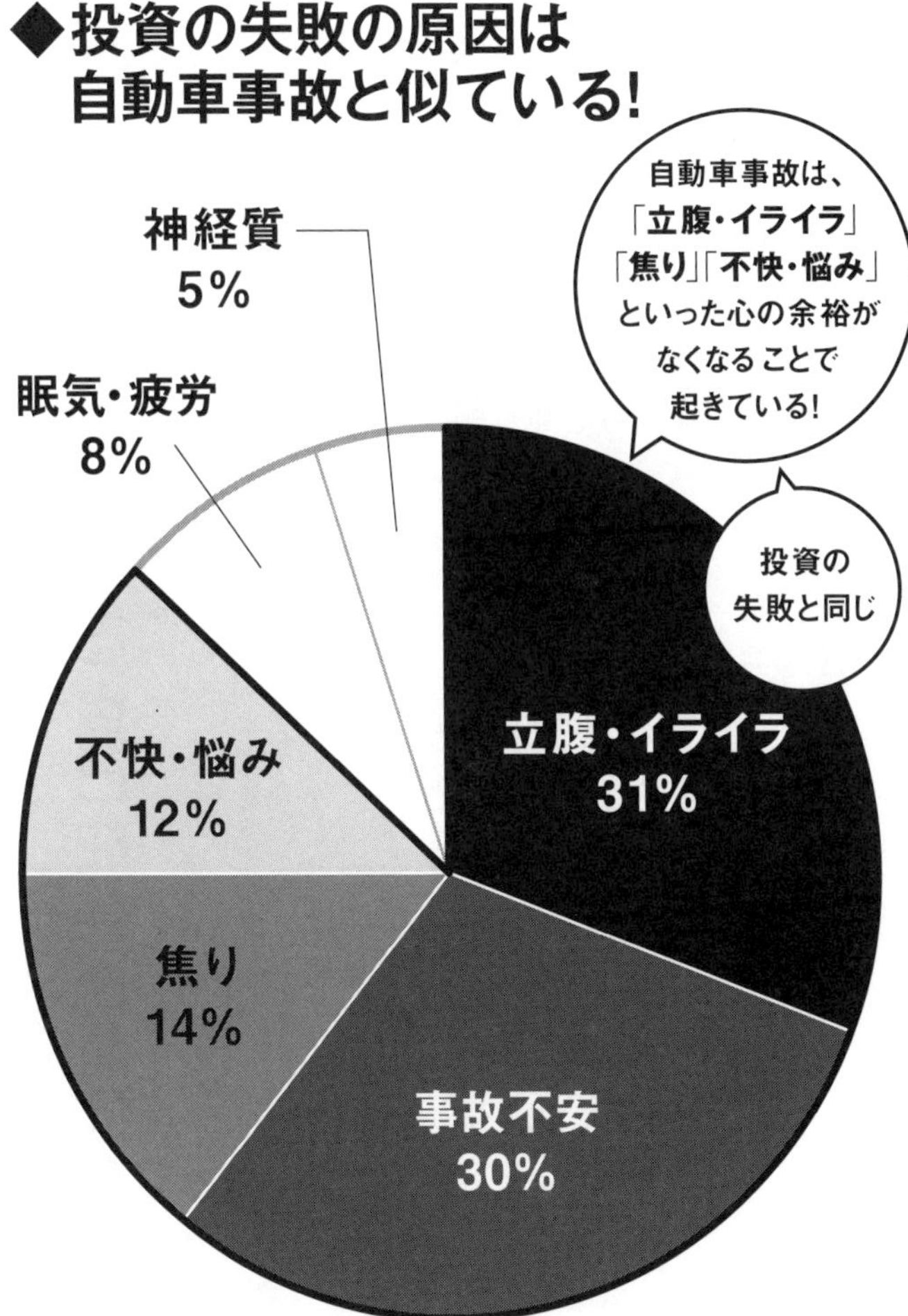

※東京海上日動2017年発表「自動車事故の原因」より

■「自己投資」による自己成長が自分を守る

先行きの見えない時代、会社が個人を守ってくれない時代に、「自己投資」をしないのは、仕事を失うリスクを高めることになります。のほほんと会社のデスクに座っていれば給料がもらえる、高度成長期やバブル期はとっくに終わりました。市場価値がないとみなされた人間は、容赦なくリストラされてしまうのが現実です。

大企業であれば、そうたやすくリストラされないだろうと考える人も多いでしょう。しかし、現実は甘くはありません。たとえリストラされなくても、キャリアや自己成長に無頓着であれば、いずれ年の離れた後輩が上司となるでしょう。そんな人は、年の若い上司の目には、ただの使いにくい部下としか映りません。

そうした環境ではストレスも多く、身体に支障をきたす確率も高まります。結果として、大会社であってもいずれリストラ候補となるか、まったく別の業種の子会社に飛ばされる確率が高まります。

実際、2019年6月24日の日本経済新聞では、「損保ジャパン、4000人減らし、グループ企業の介護やセキュリティー事業への配置転換も進める」という記事が出て、SNSで拡散されました。

うがった見方をすれば、どの業種のどの会社でも成長しない、使えない社員は、どんどん異動させるともとれます。現在より給料が劣る職種だってあるわけです。

すなわち、**「自己投資」による「自己成長」は、現代に生きるすべての人に課せられた、自分や家族を守る使命**だといえます。

情熱を持てることにこそ「自己投資」できる

お金を増やす理由を明確にしても、どうしても自己投資へのモチベーションが上がらない人は、自分が本当にやりたい仕事はなんなのかを、一度真剣に考えてみることです。もしかすると、今の仕事はあなたが本業にすべき仕事ではないのかもしれません。

人生は一度きりです。あなたがこれまでスキルアップやキャリアアップのための自己投資をできなかったのは、その仕事に情熱を持てなかったからではないでしょうか。仕事にやりがいを感じて情熱を持てれば、おのずとモチベーションは高まるものです。

「失敗を恐れてばかりいると、本来手に入れるべきものが、あなたの人生から遠ざかる」

これは、私が投資雑誌のインタビューなどで聞かれたときに、よく言う言葉です。

「そうは言っても、生活のために今の仕事を続けなければならないし、理想と現実は違う」と思うかもしれませんね。しかし、そんなことを言っていては、自分の未来を変えることはできません。

人生のシナリオは、この瞬間も無限に分岐しています。未来にいくほど扇状に無数に広がっていくフローチャートの中から、ベストな答えを探していくゲームのようなものです。ハッピーエンドもあれば、バッドエンドもあります。

この状況で未来を変えるために果敢にチャレンジしない人は、残念ながら、そもそもお金持ちになどなれない人です。厳しいようですが、それが現実です。

「仕事だるいなあ」「働きたくないなあ」と思っている人に、どこからともなく大金が降ってきて、「やった！　これで経済的自由人だ」などというシナリオはあり得ません。宝くじが当たって億万長者になるのを夢想するのと同じです。

結局、**お金持ちになれるのは、情熱の炎を燃やしながら、目の前のことに懸命に頑張れる人です。情熱があるからこそ、自己投資を怠らず、転職や起業でキャリアアップを重ねてサラリーゲインを増やし、その資金を投資に回していけるのです。**

仕事への情熱がなければ、あなたの成長はそこで止まります。市場価値は下がるばかりで、誰もあなたにお金を払おうとはしないでしょう。

サラリーゲインを増やすことは、ギャンブルでもなんでもありません。もっとも確実で、生まれや能力に関係なく、誰でも手にすることができます。そのために、今からいかにして自分の価値を高められるかを問われているのです。

何歳からでも「やりたいこと」を見つけて、一心にそのことに情熱をそそいでいきましょう。それが、お金を増やすビッグウェーブをとらえるための第一歩です。

「自己投資」は本を読むことから始めてみよう

自己投資をするときは、あらかじめゴール地点を設定するようにしましょう。具体的にどんな仕事に役立てるのか。サラリーゲインに直結させるのか。転職を有利にさせるのか。仕事に関連する資格を取ったり、ビジネスツールを使いこなす訓練をしたり、異業種交流会やセミナーに参加したりなど、すべきことは目標によってさまざまです。

ただ、自己投資もお金の投資と同じで、やみくもに行うと、お金と時間のムダになります。ビジネス書を１００冊読んだとしても、それがスキルアップやキャリアアップにつながらなかったとしたら、すべてムダな努力に終わってしまいます。

そこで、自分の今の仕事では自己投資できる要素が思い当たらないという方は、まずはどんなことにも応用が効く**速読をマスターしてみてはどうでしょうか。**

今の時代、ビジネス書で勉強してムダになるということはまずありません。私も若い頃に一日一冊以上のビジネス書を読み、それを糧(かて)にして経営者やマーケティングコンサルタントとして第一線で活躍するまでになりました。

株式投資の成功方法も、すべて独学です。そのやり方も、投資の本を一通り読むことから始めました。今でも覚えています。当時、東京のＪR品川駅にあった大型書店に行き、コーナーにある本を左から右まで、ほぼすべて読破したのです。

とくに株式投資の本の場合は、そこに書いてある「共通項」を探すといいでしょう。投資本というのは、著者ごとに投資を始めた時期が違います。性格も違います。そのため、やり方をそのまま真似(まね)ようとしても、うまくいかないことがほとんどです。

それよりも、**すべての本に書かれている「共通項」を探し出して、それを繰り返し実践して、自分のスキルにしていくのです。これこそが、再現性の高い投資で勝つための原理原則になります。**

なお、株式投資で具体的に勝つための原理原則については、第2章で詳しく述べていますので、そちらを参照してください。

また、本以外にも経営コンサルタントの勝間和代さんは、TOEICのスコアが1

00点アップするごとに、年収は10%アップすると言っています。

仮に現在500点の人が900点まで伸ばすことができれば、それだけで年収は複利計算で46%アップです。

もちろんすべての人が同じように給料アップが見込めるわけではありませんが、同じ仕事をするのにも、英語を使えれば、外資系企業への転職も視野に入ってくるため、給料が上がる可能性は高まります。

もちろん英語でなくても、マーケティングやファイナンス（財務）の知識でも役立つものならなんでもいいわけです。

私の知人には、海外留学経験が長く日本語が得意でない方がいます。彼は、米国で動画コンテンツ、今でいうYouTubeがブームになりつつあるのを見て、「数年後、日本でも必ずはやるに違いない」と考えて、動画制作や動画マーケティングをひたすら勉強。帰国後、数年かけて大企業のコンサルティングをするほどまで成功しています。

今でもたまに日本語を間違える彼は、「数年前に、渋谷のハンバーガー屋で一杯のコーヒーを飲みながら、何時間も動画の本を読んでいた自分からは、今の成功は信じられない」と語っています。

「自己投資」にお金はかからない

一昔前まで、自己投資にはお金がかかりました。勉強のための書籍代やセミナー代、各種学校に通うのにもお金が必要でした。

しかし**今は、無料のアプリや質の高いYouTube番組がたくさんあります。ほとんどコストをかけずに学べます。**

これだけ環境が整っているのですから、それでも自己投資ができないという人は、繰り返しになりますが、経済的自由人になることは夢のまた夢と言わざるを得ません。

メディアがスポットライトを当てるような成功者と言われる人は、一見、運がよくて一攫千金（いっかくせんきん）を当てたように見えますが、実はそうではありません。人が見ていないところで、自己投資を惜しまず、集中すべきところで情熱をかけ続けていたからこそ、自分の市場価値を高めることに成功したのです。

前述したように、私にも株式投資で成功するまで、大型書店の一角を買い揃えるくらい集中して投資の本を読みあさった時期がありました。苦しかったですが、成功するために変化していく自分に一番ワクワクしていた時期でもありました。

何も今からビル・ゲイツやイーロン・マスクになるために自己投資しろと言っているのではありません。毎月の給料を、今よりも数パーセントアップさせるための自己投資です。その積み重ねが、1年後、3年後、5年後に、大きな差になってくるのです。

■「副業」は国にとっても大歓迎？

サラリーゲイン（本業益）を増やすための行動を起こして「第1の波」に乗ったら、次にサイドゲイン（副業益）という「第2の波」に乗ることを考えてみましょう。

最近は副業を認める企業が増えてきました。そして2021年の9月には、45歳定年制を提言したサントリー社長のニュースが世間を賑わせたばかりです。

会社が生涯にわたって面倒を見ることができない以上、今後も副業を承認するケースは増えていくと予想されます。

副業で所得を得た場合は、確定申告をすることになります。住民税の払い方には、

・特別徴収（会社の給料から天引きして納める）

・普通徴収（自分で納める）

の2種類があります。

普通徴収を選択すれば会社にはなんの通知もいかないようです。会社に気を使って二の足を踏んでいる方は、ネットで検索してみてください（税務の専門的なことは、お近くの税務署や税理士などにご相談ください）。

ネットでは「税務署からの通知やマイナンバーで一元管理されているのでバレる」などと言っている人がいますが、そんなことはないようです。そもそも副業は法律で禁止されているわけではありません。税務署としては、稼いだ分だけ税金を納めてもらえれば問題ないということです。

公務員の場合は法律で原則禁止されているので難しいのですが、一般のサラリーマンであれば、週末のオフの日に副業をしたい場合は、法律上、それを否認することは難しいのです。ただし、就業規則で禁止されている場合は、その限りではありません。

どうしても会社にバレたくない、そんな方は支払先を家族名義にしたり、家族が開業する形式にするのが無難でしょう。

今ではインターネット上で探せる副業のマッチングサービスがたくさんあります。地域の配達員などちょっとしたアルバイト感覚のものから、プログラミングやマーケティングなど、専門分野を活かせるものまで、種類もバラエティに富んでいます。

いずれにせよ、これからの時代、副業はしようと思えば誰にでもできます。

■「副業すべき人」と「すべき副業」がある

しかし、ここまで説明してきて、みなさんには怒られそうですが、私は**「副業すべき人」と「すべきでない人」がいる**と考えています。

「すべき人」は、自己投資によって、本業でのサラリーゲインを高められるところまで高めた人です。転職やスキルアップ、キャリアアップを積み、**これ以上給与を増やすのは難しいというレベルまで達したら、副業に手を出してもいい**でしょう。

これに対して「すべきでない人」は、まだ本業に手こずっている人です。

副業は、サラリーゲインという「第1の波」を完全に乗りこなしたあと、次なる大波「第2の波」を求めてさらに大海原に繰り出すというイメージです。みずからがオーナーとなってお金を稼ぐことと同じなのです。

時間を切り売りする、といった悪いイメージを持つ方もいますが、そうではありません。自分のスキルや経験を活かし、人や企業の役に立った上でお金まで稼げるのであれば、それは立派な社会活動であり社会貢献です。

もうひとつ、**「すべき副業」と「すべきでない副業」があります。**

「すべき副業」とは、あなたの本業に役立つものです。

私はYouTuberという副業をしていますが、広告収入を目当てにやっているわけではありません。２０２１年12月現在15万人以上のチャンネル登録者がいますが、毎日動画をアップする労力を考えると、費用対効果は決していいとは言えません。

にもかかわらず、私がYouTuberを続けているのは、私の本業である宣伝PR会社の経営者としても、ビジネス作家としても、大いに役立つからです。

YouTubeで質の高い情報を発信するには、毎日の情報収集というインプットが欠かせません。投資家がどのような悩みを持ち、どのように失敗したり成功したりしていくのか、そのプロセスは参考になる部分が多く、必然的に投資家としてのスキルがアップしていきます。

そして、YouTuberとして実績を積んで情報をアウトプットしていると、会社で動画マーケティングやYouTubeのコンサルティング業務を引き受けられる可能性が広がります。YouTubeを使った新しいPR法などを顧客に提案できるようにもなります。

もちろん、こうした本の執筆活動にも活かされます。

このように、私がおすすめする**副業は、あなたの本業を後押ししてくれるもの**でなくてはなりません。

サラリーゲインという「第1の波」をさらに大きくするために、サイドゲインという「第2の波」を融合させるイメージです。

一方、「すべきでない副業」とは、本業とはなんの関係もない、自分のスキルアップも望めない、ただ時間と労力を切り売りするだけの仕事です。

「自己投資」すると「複利」で成長していく

生活費が急に必要になった場合は別ですが、ウーバーイーツをするくらいなら、その時間を使って本を読むなり、セミナーやスクールに通うなどして、本業の自己投資をしたほうが、長い目でみると必ずあなたに「複利のリターン」をもたらします。

私は**「自己投資が複利をもたらす」**と考えています。例えば、あなたが一日

1％の成長を続けたとします。1％なんて、ゴミみたいな数値だなんて思わないでください。

毎日、今の自分よりも1％だけ成長できるように努力すると、今の自分の成長曲線を1として、翌日には1・01ほどの目に見えない小さなカーブを描くことになります。

さらに、この1％成長する努力を続けていくと、次頁のグラフのように1年で37・8倍もの成長になるのです。これが20年後にどうなるかを考えると、恐ろしい数字に膨れ上がります。**「成果を上げるのは才能ではなく、習慣である」**というドラッカーの言葉どおりです。

なお、逆に1％ずつ成長が下がると、100の力は1年後にたったの3にまで下がってしまいます。

「複利」という考え方はとても大切です。私もこの複利のカーブを活用して、わずかなお金を5億円にまで増やしました。資産形成では絶対に欠かせない知識なのです。

◆複利の威力はすごい！

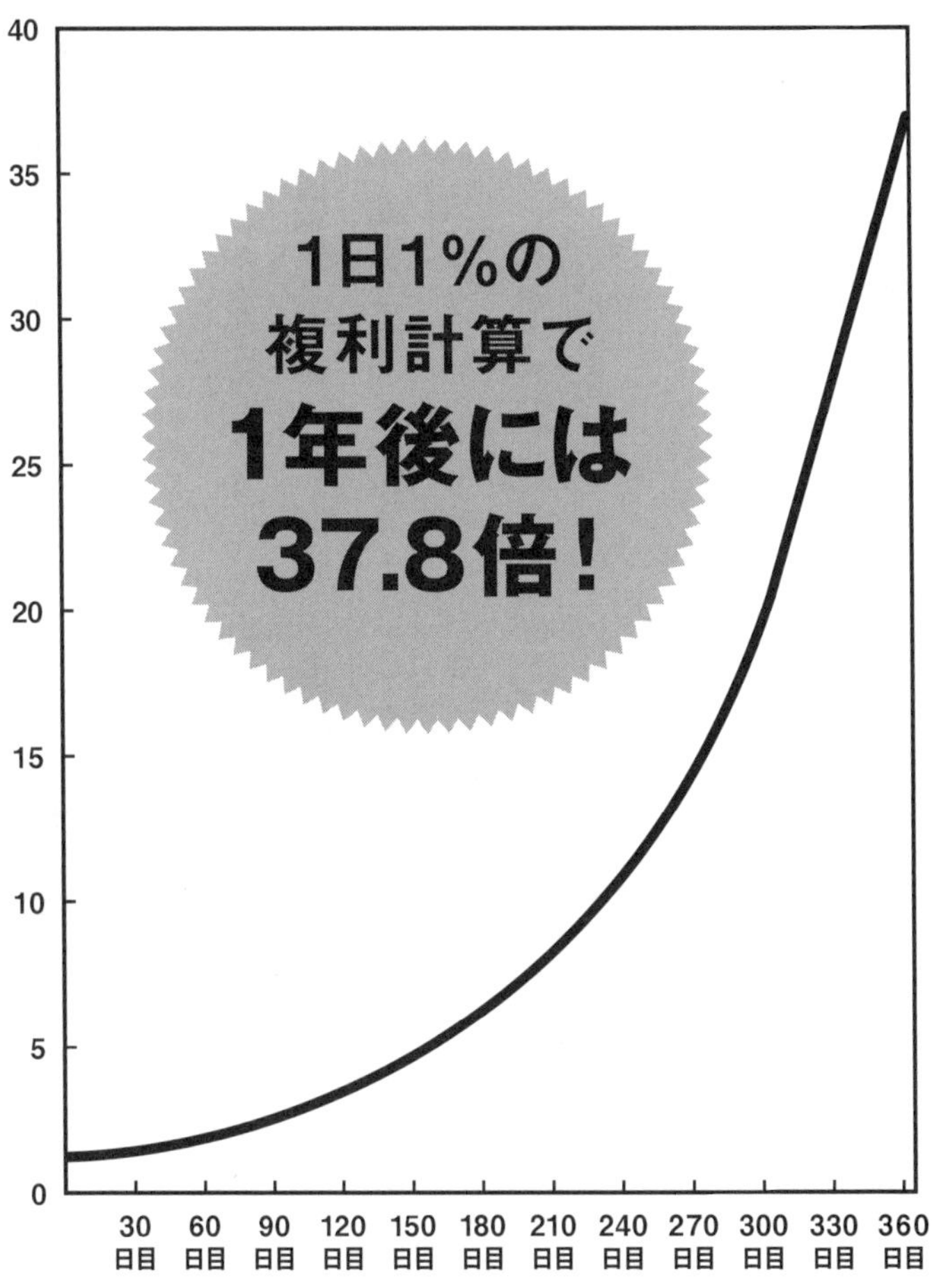
1日1%の
複利計算で
1年後には
37.8倍！
40
35
30
25
20
15
10
5
0
30日目
60日目
90日目
120日目
150日目
180日目
210日目
240日目
270日目
300日目
330日目
360日目

自分の未来に役立つ「副業」には価値がある

大切なのは、方向性を間違えないこと。方向性さえ合っていれば、小さな努力でも、あなたにはとても価値あるものとなります。逆に方向性を間違えると、どんな努力もあなたの人生に大きな寄与はもたらしません。

このように方向性を意識してください。せどり（転売）によって小銭を稼いでも、それを本業にするつもりがないのなら、時間のムダです。

なお、ＳＮＳには「スマホで１日10分、月50万円稼げる！」だとか、「個別コンサルで月30万儲けるまで完全サポート！」のような副業への誘い文句があふれていますが、すべてあなたからお金を吸い上げる情報商材屋の巧みなカラクリです。

ラクして稼げる、必ず稼げる、すぐに稼げる。そんなものがあるならば、誰もが億万長者になってしまいます。「お金を増やす」ために魔法のような近道なんてないと心得ておきましょう。

そのほかにクラウドソーシングを利用すれば、データ入力やライターの仕事がすぐに見つかりますが、注意が必要です。例えば、ウェブライターというと聞こえはいいですが、単価は激安で、スキルはほとんど身につきません。

文字を書く副業をしたければ、Ｎｏｔｅで自分の経験や成功ノウハウを記事にして売ることをおすすめします。はじめはほとんどお金になりませんが、セールスやマーケティングを学ぶきっかけになり、トライ＆エラーを繰り返すことで文章力がアップするという意味ではとても有意義です。

プログラミングや動画編集、ウェブデザイン、YouTuberなどは、必ずしも本業と関係がなくても、やってみる価値はあります。

今は本業とはリンクしなくても、これらのスキルを持っていると、いずれあなたのキャリアに役立つ可能性が高いからです。

自社の商品を動画やウェブサイトで紹介したり、新たなサービスを開発するのにプログラミングが必要になることがあるかもしれません。

また、これらの副業でスキルを高めておくと、社内やチームに思わぬ貢献ができたり、会社に必要な人材として魅力的なポジションを与えてもらったり、転職先も見つかりやすくなるでしょう。

このように、**副業をするのなら「本業に役立つもの」「スキルアップや転職に役立つもの」を選択するのがベストです。ただお金を稼ぐだけでは、あなたの可処分時間を消費するだけで、時間の投資にならず、未来につながっていかないのです。**

「副業」への取り組み方を間違えると人生を失う

副業をする上で一番注意したいのは、そちらに時間と労力をかけすぎると、本業がおろそかになることです。若いビジネスマンのなかには、副業で稼ぐことに味をしめて、本業が片手間になってしまう人がいます。

副業が本業に追いつき追い越すくらいになって、そこで職を替えるのはいいと思うのですが、こういったタイプの人は本業も副業も中途半端になりがちです。年齢を重ねて後悔しないように、なんのために勉強するのか、副業するのかを明確にしておきましょう。ゴールを設定しておけば、しっかりと計画を組み立てられます。

時間も体力もかけがえのない「資産」です。それをどのように使っていけばいいのか。昔と違って、若い人ほど多くの選択肢から選べる時代です。自分はどうなりたいのかというゴールを明確にして、何に時間を割くのか、何を勉強するのかを決めるのです。

複数の仕事を持つということは「2倍速で経験値が貯まる」ということです。社外で本業と違う仕事をすることとは、**「スキルも2倍速で得られる」**ということ、**「人脈も2倍速のスピードで増える」**わけです。これは副業のメリットです。

一方、デメリットはメリットの裏返しです。経験やスキルを2倍速で得るということは、労働時間がそれだけ増えるということですから肝に銘じておいてください。

副業は「自分という資産」を分散して投資すること。上手に振り分ければ、多様なリターンを得られるけれど、ヘタに動くと人生全体のリターンは小さく、それはリスクでもあります。

副業が許される、あるいは余儀なくそうさせられる時代に入ったということは、よくよく検討して方向を見定めなければならないということでもあります。どういう仕事に「自分という資産」を投入すべきかという課題に、真剣に向き合わなければなりません。

本業をおろそかにしていると、方向を間違えたと気づいたときには、あなたの柱となるものがひとつもなくなっていて、歳を重ねるにつれ「中途半端な、使いにくい人材」の烙印を押されてしまいます。

「第1の波」も乗りこなせていないのに、「第2の波」「第3の波」とターゲットを増やしてしまうと、結果としてすべての波に乗れずに終わる危険性があります。

副業はあくまで副業。その点を勘違いしないようにして、サイドゲインで賢く稼いでいきましょう。

「高速仕事術」で自己成長していく

自己投資の重要性はわかった。今の時代は、その気になればタダで自己投資できることもわかった。そして副業を始めるのも、パソコンやスマホがあるだけで、場所を選ばずどこでもできることもわかった。

「だけど、時間がないんだよね……」

そんな悩みを思い描いたあなたは、今すぐ自分の顔を往復ビンタしてください。気合を入れるために。

「できない理由」をあげればキリがありません。時間がないのであれば、「どうすれば時間を作れるか」を考え抜きましょう。

人生という時間は有限です。時間を自分の理想どおりにコントロールすることが、豊かな人生を送るには必要なのです。**日常の仕事や生活に追われて自己投資の**

時間が取れない人は、すぐに「高速仕事術」を実践しましょう。

高速仕事術は、脳の特性を利用して、タスク処理を高速化させる働き方です。脳のパワーを最大化させる方法を知るだけで、普段より格段に速いスピードで仕事や勉強をこなすことができます。

私は脳科学の知見から高速仕事術を考案し、自らの成功哲学のもとに実践しています。私が経営者でありながら、投資家、大学講師、ビジネス作家、YouTuberと、いくつもの仕事を同時並行でこなせているのは、高速仕事術のおかげです。

高速仕事術によって生まれた時間を、自己投資の時間に効率よく回す。この複利のサイクル（循環）ができあがれば、誰もがみるみる自己成長していけるはずです。

あらゆる物事を最大最速で進めていきましょう。

人生において「時間がない」と感じている人は、実は「時間の作り方」を知らないだけです。高速仕事術を実践すれば、仕事や学習のスピードが驚くほどアップし、自由になる時間が圧倒的に増えていきます。

例えば、脳は**「制限時間」「締め切り」を設ける**と、脳内物質のドーパミンが分泌されて、モチベーションや集中力がアップする特性があります。また、脳には「ウルトラディアンリズム」という90分ごとに変わる脳波の周期があり、人間は日中でも「覚醒度の高い90分」と「眠気が強い20分」が交互に訪れていることがわかっています。

高速仕事術はこういった脳の特性を利用し、ストップウォッチで制限時間を設けて、**脳が覚醒している90分に全神経を集中する**方法を提案しています。

忙しすぎて自己投資の時間を確保しにくい方は、拙著『自分のやりたいことを全部最速でかなえるメソッド　高速仕事術』（アスコム）を参考にしてみてください。

「情報弱者」はお金を増やせない

ここまでお読みになり、「お金を増やすのは大変だ……」「そんなにあくせく働けない」と感じられたかもしれません。そのとおりです。お金を増やすのが大変なのは、当たり前のことです。

なんの努力もせず、手っ取り早くお金を増やす方法などありません。そんな甘いことを言っている人がいたら詐欺師ですから、絶対に信用しないでください。

私はこの本を書く前、「簡単に儲かる！」「これだけやれば1000万円！」のような、よくある啓発本を書こうかと思いました。そのほうが今の時流に合っているし、多くの人に喜ばれるだろうと考えたからです。

ですが、私の良心がそれを許しませんでした。**手っ取り早くお金を増やす方法など、この世に存在しない**からです。だから本書には「本当のこと」だけを書いています。
もし、あなたが本当に経済的自由人になりたいのなら、お金に悩まされず理想の人生を歩んでいきたいのなら、多少面倒だと感じても、今から私のお伝えすることに耳を傾けてほしいのです。それが最終的に、本当に短期間で、真にお金が増える唯一の道だからです。

ここまで、「自己投資」でサラリーゲインやサイドゲインを増やすことが何より大切だと話してきました。

間違っても、お金を増やすためには「資産運用（投資）しかない」と思い込まないでください。それはメディアや流行が生み出した、ある意味、みなさんを意図した方向へと導く洗脳です。

たしかに、世の中には数百万円を軍資金にして、アルバイトからの身一つで株式投資で身を立てた人がいなくはないです。FX（為替取引）や仮想通貨で、たった一夜にして億万長者になった人もいるかもしれません。ただ、それを確実に狙うには、宝くじを引き当てるようなものです。

また、そうした情報が本当に正しいのかどうか確かめる術もありません。YouTubeで有名になった億万長者のビジネスサロンのオーナーが、東南アジアの数万円のレンタルハウスを、自分の豪邸だと紹介して人々を欺き、炎上したのを覚えていますか。

彼は会員ビジネスで大儲けをしていました。つまり、私たちは彼の情報を鵜呑みにして、彼が本物の億万長者になるための養分として、せっせとお金を送金していたわけです。

ただ、本書の趣旨である「お金を増やす」ことに関して言えば、半分はだました側が悪いのですが、残りの半分は自己責任です。

「情弱（情報弱者）」という言葉があります。情報に弱く、何事にも影響されやすい人のことです。

ひどい話ですが、現実には、情報弱者は情報強者にたえず食い物にされているのです。そうならないためにも、本書でお金の増やし方をしっかりと学ぶ必要があります。

■本業、副業、投資を同時並行で進めていく

私は自己投資によってサラリーマンとしてのスキルを上げて経営者になり、**「給与所得」をアップさせて「第1の波」に乗りました。**

そして、YouTuberやビジネス書作家、セミナー講師などで**「事業所得」を獲得して、「第2の波」にも乗りました。**

さらには、株を中心とした投資行動によってインカムゲインやキャピタルゲインなどの**「金融所得」を増やして「第3の波（ビッグウェーブ）」にも乗ることができています。**海辺で行うサーフィンと同じで、波から波へと次々と乗り移るイメージです。

この「3つの波」は必ずしも順番にクリアしていく必要はありませんが、どれかをおざなりにすると必ず足をすくわれます。

本業や副業による収入が少ないと、投資に回せる資金が捻出できないため、大きなリターンを得られなくなります。

また、メンタル面でも、金融所得だけの収入源だと、常に心は「失敗できない」「家族や老後の資産を守らなければいけない」と不安や緊張に襲われて、状況判断を見誤る危険性があります。

一方、本業や副業だけしかせず、なんの投資もしていないと、超低金利時代の今、銀行に預けているお金はほとんど増えていきません。

すなわち、**本業と副業、さらにはインカムゲインとキャピタルゲインを同時に手に入れる株式投資を、同時並行で進めていくのが、お金を増やすための、いちばんの近道であり、誰でもできる方法**なのです。

お金を働かせて、自分も働く

労働から解放されて、株の値上がり益や配当金などの金融所得を得ることを「お金に働かせる」と言う人がよくいます。なるほど、言い得て妙ですが、もし仮にお金が働いてくれるなら、とことんあなたのために働いてもらいましょう。

お金は意志を持ちません。あなたが休んでいる間も、お金は24時間働いてくれます。しかし「お金が働いている」からといって、「自分が働かなくなる」こととは、まったくの別問題です。

今は、「ＦＩＲＥ」という早期リタイアが若者たちの間ではやっているそうです。これはファイナンス・インディペンデンス・リタイア・アーリーの略で、以前からのアーリーリタイアのことですが、今はちょっとニュアンスが違うようです。

「本業×副業×投資×節約」で1億円の資産を持ち、そこから先は年利回り4％で運用できれば、毎年400万円（税引前）の収入が得られる。その400万円の範囲内で生活すれば、元本1億円がずっと減らずに自由でハッピー。そんな感じです。

この1億円を目指すために資産を増やすには、まずお金と真剣に向き合うことが必要です。間違っても、お金を崇拝するのではありません。お金が増える力を信じるのです。

経験上、次のことが言えます。**資産1200万円を自力で確保するまでが一番きついということ。それが2000万円を超えてからは、お金が増えるスピードは驚くほど速くなります。複利に加えて経験も増えるからです。5000万円を超えると、ほぼ2倍の1億円は行くと確信できるようになります。**

そのためには、いかに今の職場からより多くの収入を得るか、ぜいたくな暮らしではなく身の丈に合ったミニマムで自由な生活を手に入れるか、に主軸を置くことです。

私のまわりの億万長者は、不労所得というべき金融資産を手に入れても、なお精力的に働いています。彼らにとってリタイアとは、自由意思で誰にも縛られず、本当にいきいきとした人生を手に入れることです。

決して、ラクして生活することではありません。経済的自由人になったとしても、生きる目的がなければ虚しいだけだからです。

■経済的自由人も生きる目的が欲しい

日本では、「会社に所属して働く」「自分で働いて稼ぐ」のどちらにおいても経済的自由人になるには限界があります。私のリアルな体験として、「給与所得」（サラリーゲイン）や「事業所得」（サイドゲイン）は、所得が高くなるほど税率が高くなります。その税率で所得税や住民税が決まり、引かれるので、稼ぐほどお金が失われていく虚無感に襲われるようになります。

一方、「金融所得」（キャピタルゲイン＝収益／インカムゲイン＝分配金）なら、今のところ、どれだけ稼いでも税率は約20％で一律です。そのため、いわゆる「お金持ちの人たち」は働いて稼いだお金で再投資に走るわけです。

投資によって得られる所得が生活費を上回り、働いても働かなくても生活できるような人を、先述したとおり「経済的自由人」とか「ＦＩＲＥ」と呼んでいます。

では、もし経済的自由人になれたら、あなたは何をしますか？

ＦＩＲＥしたあとにやるべき仕事を、すでに決めていますか？

今は労働から解放されたいという思いが先行しているかもしれません。経済的自由人になれたら、もう働かなくていいのだと思えば、パラダイスに思えるかもしれません。

でも、よく考えてみたら、あなたは本当に働くことを一生やめたいのでしょうか。もしかしたら、「今の働き方」をやめたいだけなのではないでしょうか。

上司の顔色をうかがい、部下に気を使い、売上ノルマのプレッシャーに押しつぶされそうになり、それでも生活のために仕事をやめることはできない。ストレスを余儀なくされる義務のような仕事だから、「労働から解放されたい」と思っているだけなのではないでしょうか。

経済的自由人になれば、そういった「やりたくない仕事」をしなくてすみます。でも、そのとき、もしあなたに「生きる目的」がなければ、これ以上虚しい人生はありません。

南国のビーチで寝転がって過ごしても、崖から海に飛び込んではしゃいでも、私なら1週間ももたないでしょう。豪華な客船で世界一周旅行をして日本に戻ってきても、いったい自分は何のために生きているのか、と思い悩む日々が待っているはずです。

仮に経済的自由人になったとしても、「生きる目的」がない人は、ただただカロリーを消費して、呼吸しているだけ。大金持ちになれば、有象無象の人が近づいてきて、あなたをだましてお金を奪おうともするでしょう。疑心暗鬼になったあなたは、誰とも心を通わすことができず、孤独な老後を過ごしてしまうかもしれません。

実際、経済的自由人の中には、孤独な最期を遂げる人が少なくありません。お金の本当の価値を知らないまま、お金持ちになってしまったからです。

お金はやりたいことをやるための「手段」

お金はゴールではなく、やりたいことをやるための「手段」です。

お金があれば、やりたくない仕事はしなくてもいいし、働きたくないときは働かなくてもいい。時間的な制約、経済的な制約、地理的な制約からも解放されて、やりたいときに、やりたいことを、やりたい場所でできます。

一生の仕事（ライフワーク）があるのなら、売上や会社への不安を抜きにして、あなたがやりたいようにやることができます。

「人生をかけて情熱を傾けたいこと」があるのなら、予算や時間を気にせずに、その信じる道に没頭することができます。

あるいは、「大切な家族とたくさんの思い出を作りたい」のならば、経済的な束縛がなく、思う存分に楽しむことができるでしょう。

このように、**お金とは自分にとって「お金では買えないもの」を手に入れるための「手段」です。**

では、あなたにとって、「お金では買えないもの」とはなんでしょうか。

自己投資を続けていくなかで、あなたが「一生を捧げたい」と思うものを見つけることが、「お金を増やす」ことの真の意義だと考えてください。すぐには見つからないかもしれません、しかし、お金を増やすために、自分を磨き続けるということは、自分の視野（あなたの見える範囲）や視座（あなたが見るべきステージ）を高めることでもあります。答えは必ず見つかるでしょう。

ちなみに、**私の一生捧げたい目標は、若者たちに学校では教わらない教養を伝えることであり、子どもたちにお金の真のリテラシーを教えること**です。江戸末期から明治維新にかけて活躍した佐久間象山や高杉晋作のような、志を持った若者を育てたいというのが私の願いです。

実際に、数億円の出資を集め、子どもたちの金融リテラシーを高めるための私学を作る計画も進めています。ゆくゆくは、その会社を上場させられたらいいな、と夢をいだいています。

こうやって私は夢を追い続けています。お金を増やした結果、自分の使命のために、迷うことなく人生を歩んでいけるのです。

そういった意味では、本書は「お金の本」でありながら、あなたが歩むべき人生を見つけるための「生き方の本」でもあります。少し大げさに聞こえるかもしれませんが、この本の最後の頁をめくり終わるときに、そのことがあなたの真実になっていれば、筆者としてとてもうれしく思います。

自分には不要だと思うことは、迷わず読み飛ばしてください。人生の時間は有限です。自分が必要な知識だけを高速でインプットしていただければと思います。

では、いよいよ次章から、投資の具体的なやり方を紹介していきますが、常に「これは自分の人生に必要なことか?」を念頭に置いて読み進めてください。

第2章

お金を増やすための安全で最強の投資法

なぜあなたは今まで投資を始めなかったのか

本業や副業の大切さや自己投資のやり方がわかったところで、いよいよ投資編です。まだサラリーゲインやサイドゲインが増えていなくても、投資はすべての人が始めるべき資産運用の基礎の基礎です。

なぜなら、投資は始めるのが早いほど、大きなリターンを得られるからです。

お金を劇的に増やす「第3の波（ビッグウェーブ）」に乗るために、高速で自己成長やキャリアアップを続けて、サラリーゲインとサイドゲインを増やしながら、その資金を貯蓄に回すのではなく、すぐに投資に積み立てていきましょう。

ところで、そもそもあなたは、なぜ今まで投資をしてこなかったのでしょう。みなさんは投資に対して、実はこんなネガティブな考えや悩みを持っていませんでしたか。

「投資って難しそう」

「銀行預金のほうが安全だ」

「不労所得って詐欺だと思う」

「新しいことを始めるのは不安だ」

「元手（タネ銭）がないから始められない」

「儲かるのは一部の人だけ。素人は損をする」

「せっかく貯めたお金を絶対に減らしたくない」

「株価をいちいちチェックして売買するなんて、手間も時間もかかる」

このような認識のなかで、これまで投資を始めてこなかったのだと推察します。一概に否定はしませんが、これらのイメージは、一昔前の刷り込みによるものです。

次頁の表にあるように、2022年春からは高校の家庭科の授業で、金融リテラシーやお金の勉強が始まります。私からすれば遅すぎるくらいです。

社会に出れば、自分の資産はいやでも自分で守っていかなければなりません。なのに、日本の金融教育は欧米に比べてかなり遅れているため、信じられないような詐欺にだまされたり、老後の大切な資産を失ってしまったりという事件が後を絶ちません。

2008年のリーマンショックを機に、国民の経済的な幸福の実現には、国民が生計の基盤を整え、将来に向けた安定的な資産形成を図る判断力（金融リテラシー）を身につけることの重要性が一気に高まりました。

国は、学校での金融教育に重点を置いてきましたが、今後は、実社会で金融リテラシーの必要性を実感している若手社会人が「人生100年時代」に資産形成できるよ

◆学校で金融教育が始まった！

	科　目	内　容
中学校 2021年度～	社　会	**【市場の働きと経済】**現代の生産や金融などのしくみや働きを理解すること
	家庭分野	**【金銭の管理と購入】**購入方法や支払い方法の特徴が分かり、計画的な金銭管理の必要性について理解すること
高　校 2022年度～	公民科、 公　共	**【金融の働き】**金融とは経済主体間の資金の融通であることの理解をもとに、金融を通した経済活動の活性化についても触れること
	公民科、 政治・経済	**【現代日本における政治・経済の諸課題】**市場経済の機能と限界、持続可能な財政および租税の在り方、金融を通した経済活動の活性化について多面的・多角的に考察、構想し、表現すること
	家庭科	**【生活における経済の計画】**家計の構造や生活における経済と社会との関わり、家計管理について理解すること。生涯を見通した経済の管理や計画の重要性について、ライフステージや社会保障制度などと関連付けて考察すること。またライフステージごとの課題や社会保障制度などと関連付けて考察し、工夫すること

マクロの金融教育（公民科、公共／公民科、政治・経済）

ミクロの金融教育（家庭科）

※金融庁「車座ふるさとトーク　金融経済教育について」より

うに動こうとしています。「つみたてＮＩＳＡ」や「iDeCo（イデコ、個人型拠出年金）」がその一例です。日本経済の低成長や労働力人口の減少といった、時代の大きなうねりのなかで、国民の金融リテラシー向上は必要不可欠になっているのです。

国の財政だって投資で運用されている

例えば、私たちの大切な年金が投資で運用されていること、知っていましたか。日本の公的年金を運用するＧＰＩＦ（年金積立金管理運用独立行政法人）のホームページを見ると、運用実績や投資先内容のポートフォリオを閲覧できます。

そのＧＰＩＦは、２０２０年度の運用実績が過去最大の37兆８０００億円の黒字になったと発表しました。収益率はプラス25％強で、これも過去最大です。

収益の内訳は、外国株式20兆６６５８億円、国内株式14兆６９８９億円、外国債券

2兆6738億円の黒字で、国内債券2398億円の赤字。これにより、累積収益額は95兆3363億円。2021年3月末現在、GPIFが運用する資産の総額は186兆1624億円です。

25%を超える収益率は、歴史的に見ても特別に高いのですが、今年度は株価の上昇は見込みにくいので、リスク管理をする必要があります。新型コロナウイルスのワクチン接種が進み、経済再開の機運が高まる見通しがあるなかで、市場や政策がどう動くかが注目されています。

私たちが投資に臆病になり、怖いという理由で距離を置いていても、将来もらえるはずの年金は世界中で確実に運用され、資産を増やし続けているわけです。

たしかに、あるひとつの企業の株（個別株）への投資には、ある程度まとまった元手が必要です。また、短期的に利益を出そうとしたら、株価の動向を逐一チェックして、最良のタイミングで売買する必要があります。

「個別株」の投資は大きなリターンを得られることがありますが、リスクもあります。知識のない初心者が手を出すと、思わぬ大やけどをすることもあります。

しかし、投資とは「個別株」にかぎりません。

むしろ、これからみなさんに紹介するのは、

・投資初心者でも

・元手がなくても始められて

・世界中の経済学者に高く評価されている方法で

・しかも、一度購入してしまえばあとはほったらかし

の投資方法です。これこそ、みなさんが投資をためらう理由がひとつもなくなる方法です。この章では、初心者が初めて投資するのに最良のやり方を紹介します。

■「つみたてNISA」は最強の投資法

初心者がまず始めるべき投資法は、次の3ステップであり、これで決まりです。

①「つみたてNISA」口座で

②投資信託（インデックスファンド）を購入し

③20年以上の長期保有をする

この投資法なら、**数千円の元手からでも始められて、中長期運用なら損するリスクはかなり低く、一度購入してしまえばほぼ何もしないでほったらかしにできます。さらに、せっかく得た利益を税金でごっそり持っていかれる悲しいこともありません。**

「つみたてNISA」（積立型の少額投資非課税制度）を最大限に活用すれば、2021年に始めると、元本や毎月の積立金額によっては、20年後に2000万円以上の大きなリターンを得られるでしょう。

つまり、「老後2000万円問題」は、これだけで解消してしまうわけです。国がこの投資枠を無税にしたのは、「老後に必要なお金の半分は、自分でなんとかしてほしい」という切実なメッセージともとれます。

投資初心者の方は、わけのわからない言葉が出てくると大変かと思うので、できるだけ専門用語を使わずに、順を追って解説していきましょう。

「つみたてNISA」には税金がかからない

そもそも株などの売買を行うには「証券口座」を開設する必要があります。（開設方法については後述します）

「つみたてNISA」で運用を始めるには、通常の証券口座とは別に、「NISA口座」

か「つみたてＮＩＳＡ口座」を作る必要があります。

これらの口座で取引をすると、どんなメリットがあるのかというと、まず**投資によって生まれた利益が「非課税」になります。**

「ＮＩＳＡ口座」を選ぶと「年間１２０万円までの投資で得られた利益が5年間非課税」に、「つみたてＮＩＳＡ口座」を選ぶと「年間40万円までの投資で得られた利益が20年間非課税」になります。

「つみたてＮＩＳＡ」については、毎月一定額を貯金するかのように資産運用に回していく「積立投資」が義務付けられています。年間の投資額の上限は40万円なので、最大限に活用すると、毎月の平均投資上限額は3万３３３３円となります。

投資をしたことのない人は、この「非課税」がどれほど重要なのかイメージしにくいかもしれません。単純にいうと、通常の証券口座での取引で10万円の利益が出ると、約20％が税金で引かれて、手元に残るのは約８万円。

一方、「ＮＩＳＡ口座」か「つみたてＮＩＳＡ口座」での取引で同じ10万円の利益が出ると、税金がかからないので10万円が丸々あなたのものになるわけです。

つまり、投資を始める人が「ＮＩＳＡ口座」か**「つみたてＮＩＳＡ口座」を使わないことは、税金を払いたくて仕方がないという謎の人**以外、あり得ないのです。

ただし、「ＮＩＳＡ」と「つみたてＮＩＳＡ」は併用できません。ですから、どちらかを選ぶことになります。ここで迷って立ち止まる人がないように、本書では、多くの人に受け入れられやすい「つみたてＮＩＳＡ」をおすすめします。

「つみたてＮＩＳＡ」は**非課税期間が20年と長い**ため、長期間にわたって投資をするのに向いています。長期間にわたると、先に紹介した「複利」の効果が生まれます。運用で得た収益を元本にプラスして再び投資するため、**利益が雪だるま式に**

増え、長期になるほど利益が膨らんでいき、最終的には大きなリターンを得られるのです。

また、まとまった元手がなくても、すぐに始められます。上限の月平均3万3333円を用意できなくても、数千円から始めることもできます。

つまり、「つみたてＮＩＳＡ」は、**どんな人でもすぐに始められ、将来にわたって長く運用することで大きなリターンを期待できる「最高にお得な制度」**なのです。これを利用しない手はありません。

「投資信託」はリスクを分散してくれる

次に、投資信託について解説しましょう。「つみたてＮＩＳＡ口座」を開設したら、投資信託を購入することになります。

投資信託とは、「たくさんの投資家からお金を集め、その資金を運用会社（ファンド）や専門家（ファンドマネジャー）が代わりに運用してくれて、成果に応じた収益や配当をリターンしてくれる商品」のことです。

ファンドやファンドマネジャーは、たくさんの投資家から集まってきたお金で、株式や債券、コモディティなどを買って運用してくれます。（詳しくは第3章で解説します）

つまり、**投資信託は「複数の銘柄の投資商品が詰め込まれた福袋」**のようなものです。

なお、投資信託にはいろいろな種類があります。「日本株だけ詰まった福袋」「米国株だけ詰まった福袋」「世界中の株が詰まった福袋」「株だけでなく債券やコモディティ、不動産まで詰まった福袋」など、たくさんあります。

例えば「世界中の株が詰まった福袋」には、およそ８８００もの銘柄が詰まったものまであります。ひとつの福袋を購入するだけで、８８００もの株式に分散して投資ができるというわけです。

投資で損をするリスクを軽減するには、できるだけ複数の銘柄に「分散投資」する必要があります。これを「ポートフォリオ戦略」と言います。

ひとつの銘柄しか持っていないと、その企業の株価が暴落したとき、大きな損失が生まれてしまいます。しかし複数の銘柄を持っていれば、そのなかのある企業の株で損失が出ても、別の企業の株で利益が出れば、損失分をカバーできます。

つまり、ポートフォリオで分散させた国や銘柄が多ければ多いほど、損失のリスクは下がるわけです。現代の金融市場でお金をどう稼ぐか、ということを研究した論文でも、ポートフォリオ戦略はとくに重要とされています。

投資信託なら、何十もの国や数千もの銘柄に分散投資ができるので、ひとつの商品を買うだけで、リスク軽減の効果を期待できるのです。

しかも、投資の知識のない初心者の代わりに、ファンドが運用してくれます。さらに、月に数千円程度から気軽に始められます。

「つみたてＮＩＳＡ」口座で毎月コツコツ積立投資をして、長期間にわたって運用すれば、最終的には無税の上、大きなリターンを得られる可能性があるわけです。

「インデックスファンド」と「アクティブファンド」

「福袋」である投資信託（ファンド）には、インデックスファンドとアクティブファンドという2種類の商品があります。そのポイントをまとめておきましょう。

・インデックスファンド

インデックスファンドは、「日経平均」「ＴＯＰＩＸ」「Ｓ＆Ｐ５００」「ダウ平均」などの指数（インデックス）に連動する投資信託（ファンド）のことです。

指数とは、「取引所全体」や「特定の銘柄群」が、全体としてどのような値動きをしているかを示すものです。例えば、「日経平均」の指数を見れば、日本の有名企業225社の株価が全体としてどう動いたかがわかり、「S&P500」の指数を見れば、米国の有名企業500社全体の動きを知ることができます。

インデックスファンドは、これらの指数に合わせた値動きをするため、例えば日経平均の指数が5%上昇（下落）すると、自分の資産も約5%上昇（下落）するわけです。

・アクティブファンド

アクティブファンドは、指数よりもいい成績を目指す投資信託です。最近ではESG（気候変動や人権問題などへの取り組み）や半導体など、テーマを絞ったファンドも人気で、ファンドマネジャーが日経平均やS&Pの指数よりも好成績を収めそうな会社を福袋に詰めて売り出しています。

このように説明されると、一見、アクティブファンドのほうが戦略的で利益が増えそうなイメージがありますが、**インデックスファンドよりもいい成績を収められるアクティブファンドは、それほど多くはありません。**米国のあるシンクタンクによれば、アクティブファンドのほとんどがインデックスファンドに5年間の成績で負けているというデータさえあります。

また、一般的にアクティブファンドのほうが手数料が多くかかります。これは、有名なファンドマネジャーや優秀なアナリストなどの人件費や調査コストが、インデックスファンドよりかかるためです。

これらを加味すると、**投資信託では指数と連動しているインデックスファンドを購入するのがベスト**の選択です。

■「インデックスファンド」は長期投資でお金が増える

投資信託、なかでもインデックスファンドを購入して長期間にわたって保有すると、なぜお金が増えるのでしょうか。

インデックスファンドを購入して利益を生み出すには、前述した「ＴＯＰＩＸ」「Ｓ＆Ｐ５００」「ダウ平均」などの指数が、買うときより売るときのほうが上がっていなければなりません。

つまり、米国や世界全体（あるいは、ある地域）が経済成長するほど、該当するインデックスファンドを購入していれば儲かることになります。このことは、長い歴史が示すデータが証明しています。

例えば、１８０１年に当時の１ドルを米国株式のダウ平均に投資すると、２００年後の２００１年には、60万ドルにもなるのです。これが長期投資のすごさです。

投資に二の足を踏む人は、「不景気になったら株価が下がって損をする」ことばかりに気を取られ、リスクを不安視します。たしかに景気は、いいときもあれば悪いときもあります。株価もそれと同じで、上がるときもあれば下がるときもあるので、短期的に売買すれば損をすることもあるでしょう。

しかし、長期スパンで見てみると、世界経済は山あり谷ありを繰り返しながら、200年以上にわたって拡大を続けていることがわかります。

バブル崩壊や世界的な金融クラッシュとなったリーマンショックで株価が大暴落しても、それは変わりませんでした。

米国株式の動きを、次頁のグラフで見てみましょう。ブラックマンデー（1987年）、バブル崩壊（1991年）、リーマンショック（2008年）、チャイナショック（2015年）などで暴落したものの、長期的には右肩上がりを続け、コロナショック後の2021年も上がり続けています。

◆米国株式(S&P500)の長期推移は?

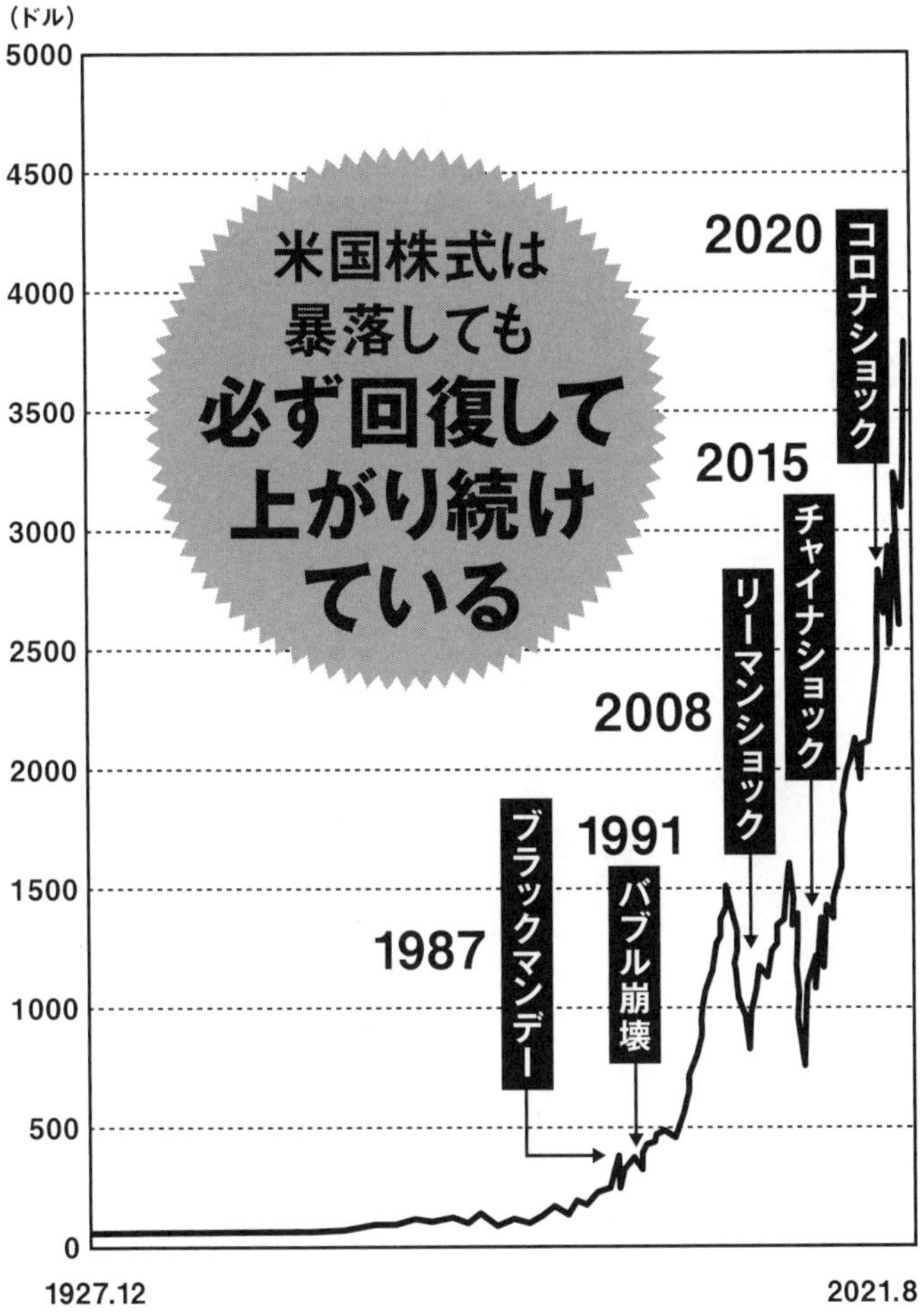

資本主義社会は「今よりも豊かな生活をしたい」という欲望のもとで、それぞれが「自分の利益を追求する」ことで成り立っています。それが社会を動かす原動力となり、経済も市場も右肩上がりになることが前提になっています。

つまり、資本主義社会が続いているかぎり、世界の経済成長も続いていくのです。

■「米国株式投資」のパフォーマンスが最もいい

ただ、ここで注意しなければならないのは、今のところずっと順調に右肩上がりを続けているのは、「米国株式投資」と「全世界株式投資」の2つだけ、という点です。

このことは、近年のデータを見ても明らかです。

次頁のグラフを見てみると、「米国株式」と世界の主要なマーケットに分散投資する「全世界株式」は、似たような動きをしていることがわかります。

もっとも「全世界株式」の場合、主要国のうちでも米国株式の割合が突出して多い

◆米国株式と全世界株式を比べてみる

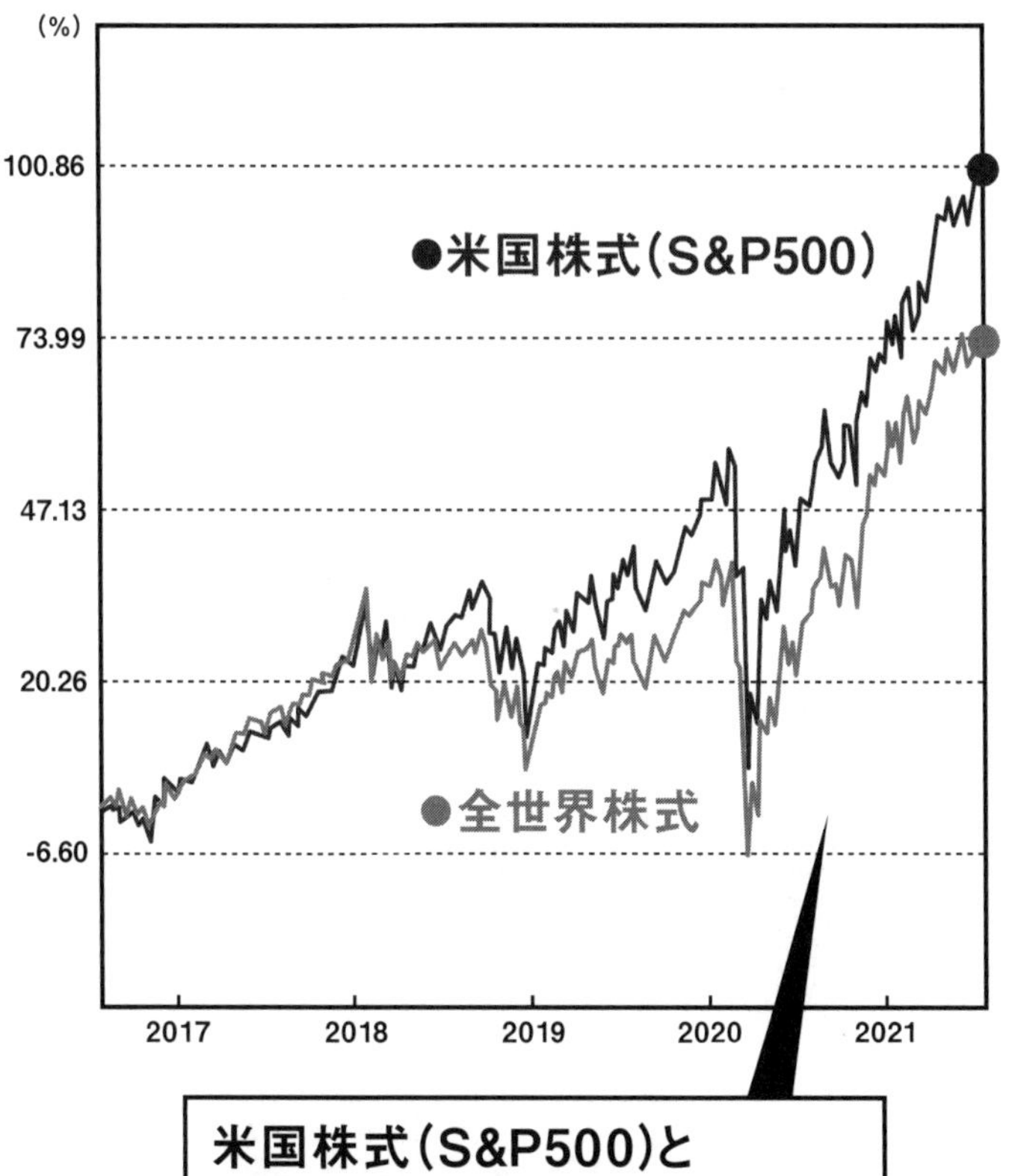

米国株式(S&P500)と
全世界株式の動きは似ているが
米国株式のほうがいい!

※Bloomberg資料より

のが特徴です。これは、時価総額や企業規模などでポートフォリオを算出しているため、ある程度仕方がないことではあります。

ここで結論を言えば、今のところ**「米国株式投資」への投資が、もっともパフォーマンスがよく、安定した利回りが長期で獲得しやすい**ということです。

コロナショックで株価が暴落後、すぐに回復していったのも、歴史が示す必然だと言えるでしょう。つまり、「米国株式投資」にしろ「全世界株式投資」にしろ、インデックスファンドを購入したら途中で売ってしまわないで、暴落が起こっても長期にわたって持ち続ける。そうすれば、高い確率で大きな利益が生まれるのです。

株式初心者が優良ファンドを選ぶコツ

株式の種類何千本の中から選ぶのは選択肢が多くて迷いますよね。そこで優良ファンドを厳選して3銘柄に絞り込む前に、それを選ぶ3つのコツをお話ししておきます。

①優良な指数をベンチマークとしている商品を選ぶ

指数の選び方で、長期的に得られるリターンが大きく変わってきます。

例えば「日経平均に連動する投資信託を選ぶ」「米国の株式指数に連動する投資信託を選ぶ」のように、どの指数をベンチマークにしているかということになりますが、それが自分の運用目的に合っているかも判断します。

②コストが安く、安定した資金が集まっていて、運用実績がある商品を選ぶ

ここ10年間の世界の株式の動きを、

・米国だけの株式に投資した場合
・全世界の株式に投資した場合
・米国以外の株式に投資した場合

に分けてみると、

・値動きのタイミングに大差はない
・全期間で米国のリターンが高い
・全世界の株式に投資した場合は、米国以外の株式が足を引っ張っている

という傾向が顕著です。つまり成績のいい順番は、米国→世界→米国以外となります。

③将来性のある商品を選ぶ

米国は人口増が続いていて、イノベーティブな企業も増加中です。つまり経済大国としての地位が今後も安定し続けるという予測が立つわけですね。

指数選びに正解はありません。大切なのは、長期的に投資を続けること。だからこそ、目先の動きに一喜一憂せず、データに基づいて客観的に見るようにしましょう。自分の考え方がブレないこと、それが重要です。そのような目線に立つと、今のとこ

ろ米国株投資が最も優位性があることがわかります。

米国株投資で間違いない3つの銘柄

それでも初心者の場合、「これだ！」と確信を持ってファンドを選ぶのは難しいかもしれません。そこで、米国株投資をしている多くの人に支持されているファンドを、私なりに厳選してベンチマーク別に3つ紹介しましょう。

「eMAXIS Slim 米国株式（S&P500）」

これは、「S&P500」の指数に連動した成果を目指すインデックスファンドです。「S&P500」とは、米国を代表する大企業500銘柄を時価総額で高いものから順に集めて指数化したものです。四半期ごとに厳しい条件で総合判断して銘柄を入れ替えています。この500銘柄に入ったとたん、株価がグンと上がった例はたくさんあります。

ですから、ここに入っている銘柄なら、ある程度放っておいても大丈夫です。万が一のときも、５００もあるのでリスクが分散されます。「Ｓ＆Ｐ５００」の過去データを見ると、なんと15年保有したなら１００％の確率でプラス収益になっています。

「eMAXIS Slim 米国株式（Ｓ＆Ｐ５００）」の平均的な利回り（投資金額に対する収益の割合）は、年利６・78％。この数字は、連動対象である「Ｓ＆Ｐ５００」の年平均成長率（２００１〜２０２０年）から、想定される運用コストを差し引いて算出したものです。ほかのインデックスに比べて、群を抜いていい数値です。

投資の神様と呼ばれるウォーレン・バフェットも、「自分が死んだら資産の90％をＳ＆Ｐ５００に投資しなさい」と家族に言っているくらいですから、信頼を寄せてもいいでしょう。

以上から、「S&P500」と連動している「eMAXIS Slim 米国株式」が一番のおすすめです。三菱UFJ国際投信という運営会社の投資信託シリーズでは、業界最低水準の運用コストを将来とも出し続けていく仕組みを作っています。

ユーザー目線の投資ブロガーが選ぶ「Fund of the Year 2020」ベスト10のうち5本が「eMAXIS Slim」シリーズだったことからも、その優秀さが見て取れます。

「全米株式インデックスファンド（楽天VTI）」

これは全米の超大型企業から成長中の企業や無名企業の「個別株」までを扱うもので、米国市場を丸ごと買えるVTI（米国の資産運用会社バンガード社が提供する上場投資信託＝ETF）に連動する投資信託です。2021年6月に誕生したばかりですが、信頼性はとても高いものです。（第3章であらためて解説します）

「eMAXIS Slim バランス（8資産均等型）」

これはローリスク型として買えるもので、国内株式、先進国株式、新興国株式、国内債券、先進国債券、新興国債券、国内リート、先進国リートの８つの資産（メジャーな銘柄ばかり）に12・５％ずつ均等に投資するファンドです。自分で買う配分を考える手間がいらず、リターンは安定しますが、ハイリターンにはなりにくいものです。

なぜ米国株がそれほど優秀なのか

米国株が今後も値上がりすると予測されている理由は、次のようにまとめられます。

①ＧＡＦＡの継続成長

「ＧＡＦＡ」とは、グーグル、アマゾン、フェイスブック（２０２１年10月、「メタ」に社名変更）、アップルの総称で、全世界に影響を与えるイノベーションを生み出してきた米国企業です。今後もその勢いは止まることはないでしょう。

◆世界の時価総額トップ20企業

1992年 ――――――――→ 2019年

	会社名	時価総額（億ドル）
1	エクソンモービル	759
2	ウォルマート・ストアーズ	736
3	GE	730
4	NTT	713
5	アルトリア・グループ	693
6	AT&T	680
7	コカコーラ	549
8	パリバ銀行	545
9	三菱銀行	534
10	メルク	499
11	日本興業銀行	465
12	住友銀行	455
13	トヨタ自動車	441
14	ロイヤルダッチ石油	436
15	富士銀行	417
16	第一勧業銀行	417
17	三和銀行	379
18	BTグループ	375
19	P&G	364
20	グラクソ・スミスクライン	361

	会社名	時価総額（億ドル）
1	サウジアラムコ	18,791
2	アップル	13,048
3	マイクロソフト	12,031
4	アルファベット（グーグル）	9,229
5	アマゾン	9,162
6	フェイスブック	5,853
7	アリババ	5,690
8	バークシャー・ハサウェイ	5,537
9	テンセント	4,606
10	JPモルガン・チェース	4,372
11	ジョンソン・エンド・ジョンソン	3,839
12	VISA	3,699
13	ウォルマート・ストアーズ	3,372
14	ネスレ	3,227
15	バンク・オブ・アメリカ	3,168
16	P&G	3,115
17	マスターカード	3,012
18	エクソンモービル	2,952
19	中国工商銀行	2,945
20	サムスン電子	2,884

日本企業は注目されていた！

米国の巨大IT系企業が群を抜いている!

前頁の表は世界の時価総額トップ20企業を1992年と2019年で比較したものです。日本企業は消えましたが、IT企業GAFAとマイクロソフト社を含むいくつもの企業が破竹の勢いです。

②先進国で唯一の人口増

あまり知られていませんが、米国は先進国のなかで唯一、発展途上国並みのペースで人口が増え続けています。日本の高度経済成長期がそうであったように、人口が増えることと経済成長は相関関係にあります。米国は、あれだけ巨大でありながら、いまなお成長を続けている稀有（けう）な国なのです。

③米国大企業は世界企業

グーグルやアップルなど米国を代表する企業は、もはや国内以上に世界中で多くの稼ぎを生み出しています。

④米ドルは世界基軸通貨

米国の通貨そのものが、世界基軸通貨として世界中で使われています。つまり、極端な話、**米国株に投資するということは、全世界にまんべんなくリスクやポートフォリオを分散している**とも言えるのです。

以上のことから、私がおすすめするのは、「eMAXIS Slim 米国株式（S&P500）」です。これを購入すれば、そんな米国の勢いの恩恵を享受することができます。

また、買付時の手数料が無料で、ファンドマネジャーへの信託報酬（運用コスト）も超低コストのため、その点でもかなり優良といえます。ファンドの長期安定性を示す指針である資産総額も、安定した運用実績を誇っています。

最近では、このファンドの優位性を研究し尽くしたようなファンドも多くなってきましたが、「つみたてNISA」で初めて投資をするなら、「eMAXIS Slim 米国株式（S&P500）」で決まりでしょう。

「つみたてNISA」は税金20%がかからない

では、実際「つみたてNISA口座」で、「eMAXIS Slim 米国株式（S&P500）」を購入したら、将来どれくらいの利益が見込めるのか見ていきましょう。いうまでもなく、あくまで過去の株価推移をもとにシミュレーションするもので、同様の利益を保証するものではありません。

まず、「つみたてNISA」は2042年までの期間限定商品ですから、**2021年に購入を始めると、2042年に購入したものの最終非課税年である2061年までの42年間、非課税枠をフルに使えます。**

最長20年ではないのかと疑問をいだくかもしれませんが、実はここが最大のメリットなのに、一番誤解が多い部分です。「最長20年」の意味は、各年ごとに購入した投

◆非課税メリットは大きい

金融商品の利益には

●所得税 15.315%
（復興特別所得税0.315%含む）

●地方税 5%

計20.315%も税金がかかる

20年もするととんでもない差が出る

↓

NISAであれば税金ゼロ!

資信託の利益それぞれが20年にわたって非課税であることを意味しています。

だから「つみたてＮＩＳＡ」最後の年である２０４２年に購入したものの利益は、20年後の２０６１年まで非課税になるのです。つまり２０２１年から２０６１年までの42年間、非課税が続くことになるわけです。

ライフプランナーなどお金の専門家の中にも、「最長20年」の意味を履き違えている人が非常に多く、そのため「つみたてＮＩＳＡ」は20年しか使えないと勘違いしてしまう人も少なくありません。

しかし、実際には２０２１年から始めると、「非課税枠」の恩恵を42年間享受できるのです。

そこを踏まえて、２０２１年から「つみたてＮＩＳＡ」を最大限に活用したときに、どれだけの金額にふくらんで戻ってくるのか、次項で計算してみましょう。

「つみたてNISA」で積立総額の2・5倍以上が戻る

「eMAXIS Slim 米国株式（S&P500）」の期待利回りは6・78％ですが、ここでは少なく見積もって利回り5％としてみましょう。

まず、**毎月の積立額を3万3333円（年間40万円）、利回り5％**で1年たつと、1年目終了で「40万9291円」になります。

この額が年利5％で毎年複利で増え続けていくので、20年後には「40万9291円×1・05の19乗)」となり、計算すると「103万4258円」となります。

つまり、2021年に**1年だけ40万円の積立投資をするだけで、20年後には103万4258円まで増える**わけです。

非課税枠は2021年から2042年まで使え、毎月の積立ては翌年以降も続くので、１０３万４２５８円が22セット生まれることになります。計算すると、「１０３万４２５８円×22セット＝２２７５万３６７６円」となります。**元手（年間積立額40万円×22年間＝実際に支払った総額）８８０万円が２２７５万円まで増える**と考えると、２・５倍にもなるかなり優秀な資産運用です。

そして最後の２０４２年に購入した投資信託が１０３万円になるのは２０６１年のことなので（受け取るのは２０６２年の81歳）、長期戦にはなります。

ここでは年利５％で計算しましたが、期待どおり年利７％を実現したら３２８６万円まで増えます。

この「つみたてＮＩＳＡ」を最大限活用すると、運用期間は20年ではなく40年以上の長期戦になります。でも、そんなに長く待たなければならないわけではありません。

さらに**「つみたてNISA」は、運用を続けながら、同時にあなたの「プライベート年金」のように引き出せる**のです。（次頁図参照）

◆「つみたてNISA」はプライベート年金

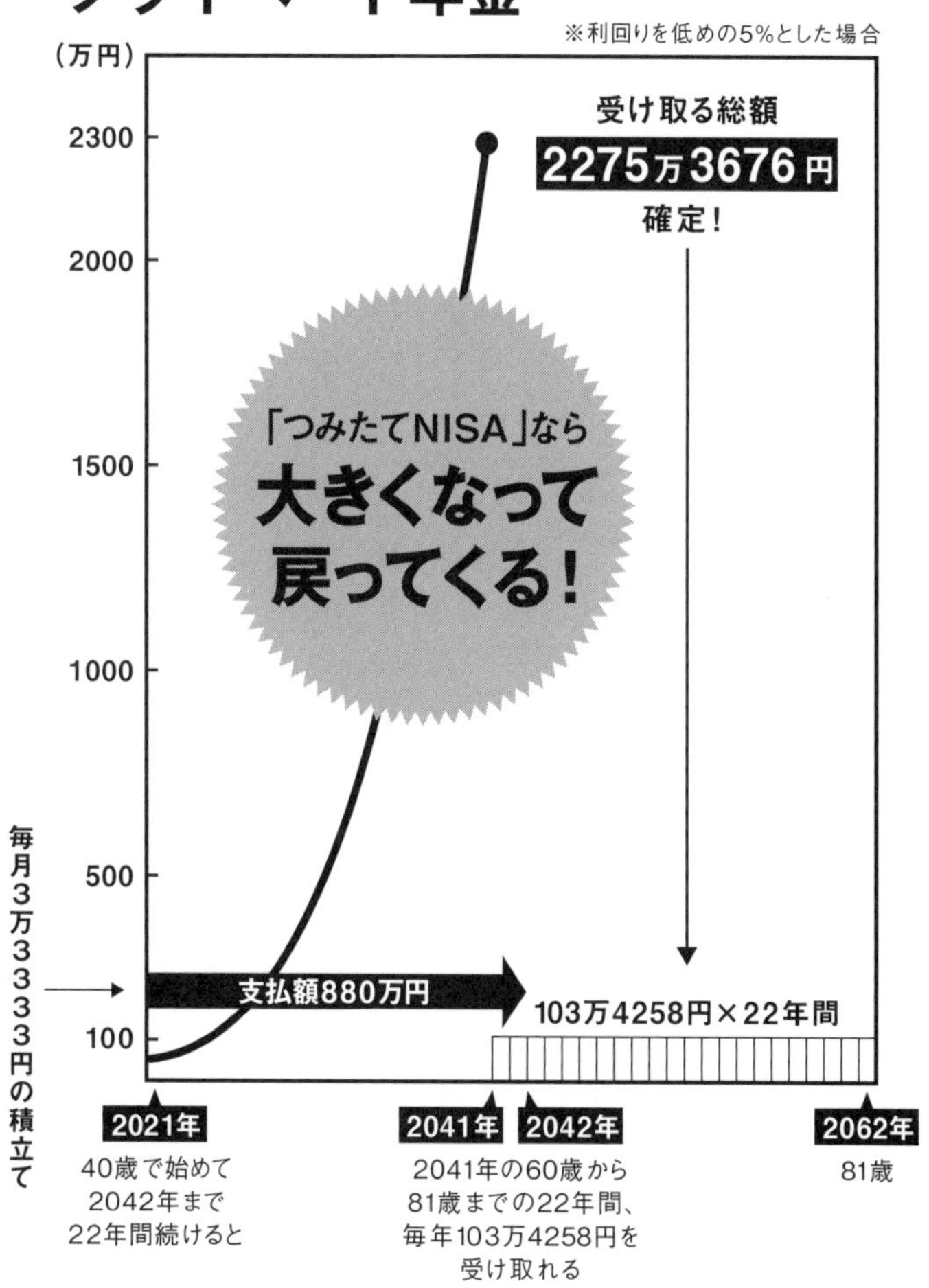

例えば、40歳の2021年から2042年まで、「つみたてNISA」を続けると、**年利5%なら103万円、年利7%なら149万円を、60歳から81歳まで22年間にわたって、毎年受け取れる**のです。

公的年金と合わせれば、老後資金は十分でしょう。老後が不安な人は、「つみたてNISA」だけやっておけば解決できてしまいます。

「つみたてNISA」の実力を、十分理解いただけたのではないでしょうか。

さあ、続いていきましょう！

「証券口座」はどこで開くのがいいか

「つみたてNISA」のすごさを知ってしまったあなたは、今すぐ証券口座を開設したくなりましたよね。

昔は銀行や証券会社などの店舗に行き、口座開設の手続きをしなければならなかったのですが、今はインターネットで簡単にできます。

数あるネット証券のうち、私がおすすめするのは「楽天証券」と「ＳＢＩ証券」です。

楽天証券は、楽天のサービスをよく使っている人は迷わず選択するのが得策です。楽天銀行の口座や楽天カードと連携させれば、さまざまなサービスを受けられて、ポイントも貯まります。

SBI証券は、ネット証券では口座開設数が最も多い人気のネット証券です。手数料が安く、情報発信も豊富で金融商品を多数取り揃えているため、投資初心者からベテランまで多くの支持を集めています。

どちらを選んでも、初心者にとってはサービスに大差ありません。ホームページを見て、使い勝手がよさそうなほうを選べばいいでしょう。

「証券口座」開設手続き上のポイント

口座開設の手続きを始める前に、「マイナンバーカード」の表と裏の画像をスマホで撮っておきます。2016年から、証券口座の開設にはマイナンバーの提出が必須となりました。

マイナンバーカードを持っていない人は、「マイナンバー通知カード」と「免許証などの本人確認書類」で大丈夫です。

必要書類の画像を準備したら、ネット証券会社のトップページにアクセスします。「口座開設はこちら」などと書かれているので、そこをクリックしてください。ホームページの誘導に沿って、メールアドレス、名前、生年月日、住所、電話番号などを記入していきます。マイナンバーカードなどの画像はネット上にアップロードできるので、郵送する必要はありません。

入力項目の中には、「特定口座　源泉徴収あり」「特定口座　源泉徴収なし」「一般口座」があり、どれを選ぶか求められます。

株式投資や副業などの収入による所得の合計が年間20万円以上になると、確定申告をして税金を納める必要があります。投資での利益に関しては、年間の売買の収支を計算した書類を提出する必要があり、証券会社が書類作成を代行してくれるのが「特定口座」、自分で作成するのが「一般口座」です。

私は投資歴22年になりますが、今でも特定口座で運用しています。あとで変更できるので、まずは手間が省ける「特定口座」を選ぶようにしましょう。

「源泉徴収ありか、なしか」に関しては、まずは「なし」を選ぶのが無難です。「あり」とすると、証券会社が確定申告を代行してくれるのですが、利益が20万円以下の場合でも、自動的に20％の税金が徴収されてしまいます。

投資で得た利益が20万円より少なければ、税金を納める必要がありません。つまり、「あり」にしてしまうと、利益が少ないときでも、支払わなくてもいい税金を払うことになるのです。

「源泉徴収なし」とすると、自分で確定申告をしなければならないので、手間が増えます。しかし、投資などでの利益が20万円以下ならば、所得税の納税（確定申告）が免除されます。投資を始めたばかりで、年間の利益が少額の人はこちらを選ぶのがいいでしょう。

まとめると、最初のうちは「特定口座　源泉徴収なし」にして、その後、利益が出てきたら「特定口座　源泉徴収あり」に変更するのが賢い選び方です。

次に、「ＮＩＳＡ」か「つみたてＮＩＳＡ」に申し込むか問われます。迷わず「つみたてＮＩＳＡ」を選んでください。

すべての入力を終えて、マイナンバーカードなどの本人確認書類をアップロードしたら、最短で翌日から取引を開始できるネット証券会社もあります（ＳＢＩ証券や大和証券）。楽天証券やその他の証券会社の場合は、ログインＩＤやパスワードが記載された書類が、約１週間後に送られてきて、口座開設完了です。

これで投資家デビューの環境は整いました。

いよいよ波乗りへ、レッツゴー！

「高速」で投資家デビューしよう

さあ、準備がすべて整ったところで、さっそく「つみたてＮＩＳＡ」で**「インデックスファンド」**を購入しましょう。

まず、証券会社のサイトにログインして、「ＮＩＳＡ・つみたてＮＩＳＡ」の頁に向かいます。そこから目当ての「ファンド（投資信託）」を探します。

２０２１年11月22日現在、楽天証券では１７９件の投資信託が売り出されていました。そのうちインデックスファンドは１１７件もあります。

キーワード検索で**「eMAXIS Slim 米国株式（S&P500）」**を探し出して、**「積立注文」**をクリックしてください。

入力画面で、引落口座（銀行口座やクレジットカード決済など）と、毎月の引落日（自分で決められます）、積立金額などを指定します。**毎月の積立金額の上限は3万3333円です。**資金に余裕があれば、この金額を積み立てましょう。

分配金コースでは「再投資型」か「受取型」かを選択できるので、複利を得るために必ず**「再投資型」**としてください。複利は投資で資産を形成する上では、絶対に必要な魔法の計算式なので、とことん使い倒しましょう。

「つみたてＮＩＳＡ」は毎年1月から12月までが、その年の年度期間です。年の途中から始める場合でも、ボーナス払いや月の限度額の増額設定をしながら、年間の満額40万円まで積み立てることができます。

これらを入力して、**「目論見書」**（金融商品の詳細な運用法やリスクが記された説明書）を確認し、**「注文する」**をクリックしたら完了です。

これであなたも投資家としてデビューです。おめでとうございます！

月収の10％を投資資金にしよう

ここまで、毎月の投資金額を3万3333円としてお伝えしてきましたが、収入状況によってはこの金額を捻出（ねんしゅつ）できない人もいるでしょう。投資を始めるにあたって、生活に不安が生まれてしまっては元も子もありません。

そこでまず、**投資に使う金額は手取り月収の10％まで**としましょう。手取りが30万円の人なら、3万円。20万円の人なら、2万円です。毎月の収入に変動があるフリーランスの人は、どんなに稼げた月でも、どんなに稼げなかった月でも、必ずその月の10％は投資資金としてプールしておきます。

このルールを作ってしまうと、仮にその月の収入が20万円しかなくても、2万円は投資に回すことになります。もちろん、残りの18万円でその月はやりくりすることになります。

「億万長者」と呼ばれる人たちは、倹約家であることが多いのです。ケチではありませんが、きちんと節約して貯蓄する堅実派であるようです。ベストセラーとなった『となりの億万長者』（トマス・J・スタンリー／ウィリアム・D・ダンコ著、早川書房）でも倹約家について触れていましたが、この特徴は日本でも米国でも大差ないようです。

このように「つみたてＮＩＳＡ」で積立額を設定するときは、財布と相談しながら、毎月の平均収入の10％で積み立てるようにしましょう。

逆に、収入の10％が3万3333円より多くなる人は、「つみたてＮＩＳＡ」に加えて、やや中級者向けになりますが、別の投資に資金を回して運用してもいいでしょう。具体的には第3章をご覧ください。

生活費2カ月分の貯蓄でスタートする

「つみたてＮＩＳＡ」は貯金ゼロでも始められますが、できれば、念のため**最低でも生活費の2カ月分は貯金してからスタートする**ようにしてください。毎月30万円の支出がある人なら、最低60万円です。このお金は、万一のときのために、あなたの生活を守るためのものです。

お伝えしたように、「つみたてＮＩＳＡ」は数十年にわたって長期投資をして初めて大きなリターンが得られるものです。

もし生活の中で急なトラブルが起きたとき、「つみたてＮＩＳＡ」を途中でやめて現金化してしまったら、売却した部分の非課税枠は再利用できなくなってしまいます。だから、「つみたてＮＩＳＡ」の複利メリットを最大限に享受するために、絶対に途中で売却してはならないのです。

ある程度の現金を銀行口座に預金しておけば、万一「明日までにまとまった現金が必要！」となったときも、慌てずに対応できます。

また、超低金利時代とはいえ、一定の金額を銀行に預けていると、精神的にも安心です。急落や暴落があったときには、人はいつも以上にパニックを起こして、心臓がバクバクして、不眠症になるぐらい不安になるものです。

このように大暴落が起きたとしても、貯蓄があることで心の安定を保つことができて、「つみたてＮＩＳＡ」を売却せずに保有し続けることができます。とにかく**長期間、保有し続けることが、複利によって利益を生み出すための大原則**だからです。

逆に、貯金をせずに生活ギリギリの金額を投資に回していると、暴落時に不安になって、短期間で売却してしまいがちです。それを避けるための「心の安心料」として、必ず銀行にまとまった額を預けておくようにしましょう。

「つみたてＮＩＳＡ」はいつ始めればいいか

「つみたてＮＩＳＡはいつ始めるのがいいのですか？」

これも、よくある質問です。

個別の株式と同様に、「Ｓ＆Ｐ５００」や「ダウ平均」などの指数は毎日変動しています。経済ニュースでは、前夜のダウや日経平均などの指数が毎日伝えられています。

投資で勝つための一番大切なルールに、「安く買って、高く売る」というのがあります。つまり、マーケットの理論上からいうと、**株価の急落を待ち、大きく下がったタイミングで買うのがベスト。**そこから上がっていけば、利益をどんどん積み重ねることができます。

リーマンショックやコロナショックが起きたときに、暴落の底でインデックスファンドを買っていた人は、今頃は資産が2倍から3倍になって、ニコニコ顔になっているでしょう。

ですが、このような暴落時以外、初心者が相場を読むことは不可能です。「今日買って、明日暴落したらどうしよう」などと恐れていたら、一生投資を始めることはできません。

たしかに、１００万円の資産を使っていきなり買おうとしたら、不安に襲われるのです。

は当然です。しかし、私がおすすめするのは、月数千円から数万円までの「積立投資」です。

株価は低いときもあれば高いときもあります。しかし、毎月、定期的に積立購入していけば、時間がたつにつれて、「結局、平均的なところで買えた」という状態になるのです。

これは「ドルコスト平均法」とか「平準分割売買」と呼ばれるもので（次頁図参照）、目的の違いや程度の差はあれ、ベテラン投資家や株の上級者でも、必ずといっていいほど活用している基本的な売買技術です。

つまり、**インデックスファンドは買うタイミングにこだわる必要はありません。生活費の2カ月分が貯金できたら、まずは「ドルコスト平均法」で始めていきましょう。**

◆ドルコスト平均法なら安全

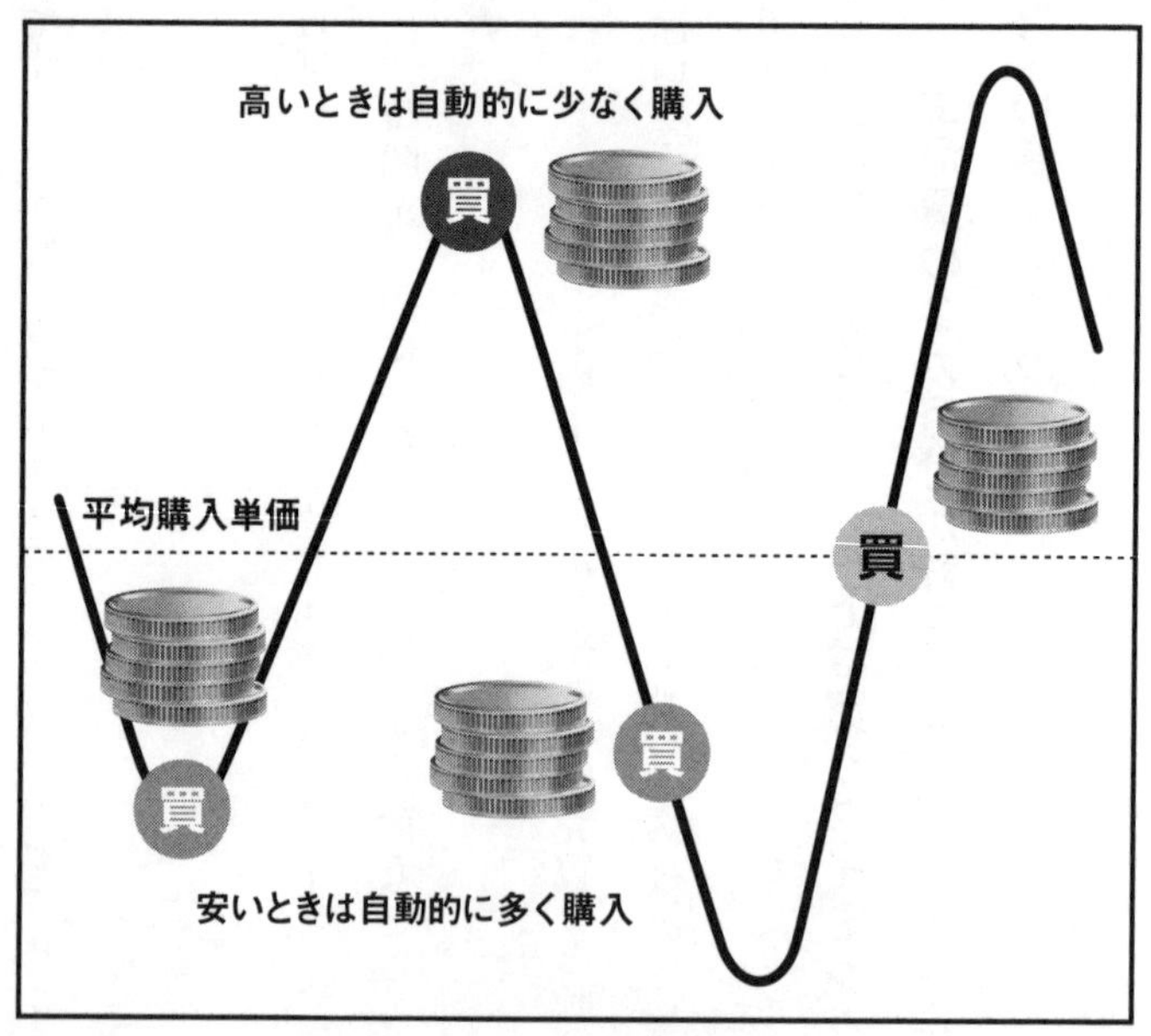

購入額が毎回同額なので

金融商品が安いときはたくさん買い
高いときは少なく買うことになる

これを繰り返すと平均購入単価が下がる

「つみたてNISA」は買いっぱなしでいい

ネット証券で「つみたてNISA」の口座を開き、自動積立をオンして、インデックスファンド「eMAXIS Slim 米国株式（S&P500）」で積立投資を始めれば、順調にいけば老後資金に困ることはなくなるでしょう。

一度始めてしまえば、とくにやることはありません。仕事や生活の時間が奪われることもありません。「ここで売り！」「ここで買い！」のようなエキサイティングな状況判断も一切なく、20年間放置です。過去のデータのように米国株が順調に成長し続けるかぎり、あなたの財布に、積み立てた投資のお金が複利で増えていきます。

あまりおすすめしませんが、多忙で面倒な人なら、証券口座のサイトを毎日チェックしなくても大丈夫です。気が向いたときに覗(のぞ)いてみる程度で問題ありません。

「暴落したらどうするんだ！」という人もいるでしょう。もちろん「つみたてＮＩＳＡ」では、株価は暴落することもあれば暴騰することもあります。

それをあらかじめ前提にした投資戦略です。**一時的には資産が大きく減ることもあるでしょうが、長い目で見ると、年率5〜7％程度で経済成長していく**のが、米国の資本主義社会が示してきた事実です。

米国経済そのものが崩壊したらどうなるかわかりませんが、資本主義に代わる経済システムが、近い将来に誕生する気配はまだありません。もし大きな革命が起これば、そもそも日本の円やお金そのものの価値も大きく変化するでしょう。

少なくとも、私たちが生きている間は、資本主義社会が続いていくことを願いつつ、投資を続けていくのが得策です。

この「つみたてＮＩＳＡ」で投資家デビューを果たしたら、あなたはお金を増やす大きな「第3の波」に乗ったということです。

ただ、老後資金に困らなくなるとはいえ、あなたが経済的自由人を目指すならば、これだけではまだ足りないでしょう。

さらなるビッグウェーブを狙って次に進みましょう！

第3章

経済的自由人になる投資銘柄と投資計画

もっと豊かになりたい人は別の投資を考える

老後資金を貯めるという意味では、「つみたてＮＩＳＡ」でインデックスファンドを積立購入し、20年間放置すれば事足りることをお伝えしてきました。

これであなたはもう、「投資で波乗りやってるんです」とまわりに宣言しても恥ずかしくない状態です。

ただ、**実際にあなたが経済的自由人を目指して豊かになるのは、今から20年以上先になります。** お金を増やしたいと考えている人に、「20年待ちましょう」というのは、あまりにもお役所的で、夢のない話ですよね。

普通に考えてみて、お金を増やしたいなら、できるだけ早く、それも若いうちに利益を得たいと思うのが人間というものです。

定年前にリタイアしたいと考えている人、経済的自由人を目指している人は、その願いは「つみたてＮＩＳＡ」だけではかないません。

なかには、定年間際に「つみたてＮＩＳＡ」でのんびり投資をしていたら、利益を得る前にポックリいっちゃう！　という人もいるでしょう。

そこで、この章では「つみたてＮＩＳＡ」に加えて、初心者がさらに投資を進めていくには、どのような手法がいいのかを紐解いていきます。

自己投資を続けていけば、歳を重ねるごとにサラリーゲインやサイドゲインは増えていくでしょう。すると、投資に回すべき手取りの10％の金額も連動して増えていくはずです。

「つみたてＮＩＳＡ」の限度額の月３万３３３３円よりも、手取りの10％のほうが多くなったら（つまり手取り33万円を超えたら）、**残ったお金は別の投資に使って**

みるのもひとつの戦略です。

「投資で波乗りやってるんです」と言うだけのアマチュアサーファーから、たくさんの大きな波を乗りこなせるプロサーファーを目指して、投資の知識を深めていきましょう。

■初心者におすすめの「6段階投資計画」

では、さっそく「つみたてNISA」を始めた投資初心者が、今後どのような投資をしていくべきか、そのルート（オプション）の例を提示したいと思います。

仮に今、サラリーゲインは30万円で、生活費の2カ月分（60万円）の貯金しかなかった場合、私ならどのような投資をしていくかを考えてみました。

【1】さらなる「自己投資」（サラリーゲインとサイドゲインを増やす）

↓

【2】「つみたてNISA口座でインデックスファンド」

・eMAXIS Slim 米国株式（S&P500）

↓

【3】「特別口座でインデックスファンド」

・全米株式インデックスファンド（楽天VTI）

・全世界株式インデックスファンド（楽天VT）

↓

【4】金ETF（上場投資信託）

↓

【5】「Jリート」（不動産投資信託）

↓

[6]「個別株」

[1]「自己投資」を、まずなにより継続すること。

サラリーゲインとサイドゲインを増やしていけば、それだけ投資に回せるお金が確実に増えます。「給与所得」をおざなりにして、「金融所得」にばかり目がいってしまうと、広い意味での「分散投資」ができなくなってしまいます。**金融所得だけでは、万一のとき、すべてを失う危険性がある**からです。

私が投資で資産5億円を築けたのは、大げさではなく、仮に全部失っても、徹夜で本業の会社経営や本の執筆を頑張って取り返せばいい、と考えていたからです。

当時、会社は社員の給与を払うのがやっとのギリギリの状態。それでも死ぬ気で頑張れば、結果やお金は必ずあとからついてくるという確信はありました。その結果で、キャリアと投資、自信と挑戦の4つのタイヤがうまく回って、四輪駆動車のように難所を乗り越えることができたのです。

個人投資家のなかには、金融所得以外に収入源がなく、暴落時に破産してしまう人も少なくありません。金額の多い少ないにかかわらず、収入源は必ず確保しておきましょう。

どうか、いざというときは「自分が大切な家族とその人生を守る最後のキャッシュマシーンになるんだ」という気概だけは忘れないでください。

【2】「つみたてNISA口座でインデックスファンド」に関しては、第2章で解説したとおりです。お金を増やす目的を問わず、投資を始めるなら、まずは「つみたてNISA」を使わない理由はありません。

【3】「特別口座でインデックスファンド」では、「つみたてNISA」でカバ

ーできなかったインデックスファンドを購入します。

私が投資していておすすめのファンドは、「全米株式インデックスファンド（楽天VTI）」、そして「全世界株式インデックスファンド（楽天VT）」です。

すでに米国株をNISA枠で買っているのであれば、米国の割合が多い「全世界」のインデックスファンドを買い、より強固な分散投資をしてみてもいいかもしれません。

具体的な解説は後述しますので、チェックしてみてください。

【4】「金ETF」は、金の現物ではなく、金価格に連動するように設計されたETF（上場投資信託）のことです。ETFとは、株式のほかに債権、リート、通貨、コモディティ（金・銀・プラチナなどの貴金属、原油やシェールガスなどのエネルギー、トウモロコシや大豆などの穀物）の指数に連動して運用成果を目指す投資信託です。

なかでも、**「金ＥＴＦ」は不況時に値上がりする傾向があるため、株や債券の暴落をカバーしてくれる**存在になります。

インデックスファンドが、たくさんある非上場の商品も取り扱うのに対し、ＥＴＦは、上場企業だけでパッケージ化された商品です。株式指数連動のＥＴＦもあり、どちらも「個別株」と同じように、好きなタイミングで売買できるのが特徴です。

中上級者がＥＴＦを好むのは、急落や暴落時に一括買いすることで大きな値上がり益を期待できるからですが、ここではインデックスファンドの一種と捉えておけばいいでしょう。おすすめ銘柄などは後述します。

【5】「Ｊリート（不動産投資信託）」は、不動産に特化した投資信託です。たくさんの投資家から集めたお金で日本の不動産を購入し、賃貸収入や売買益が投資家に分配される金融商品です。少額から始められ、値上がり益（キャピタルゲイン）と

比較的高い配当金（インカムゲイン）を得ることができます。

サラリーマン投資家がマンション投資などに力を入れても、リスクが高く、結局不動産会社の営業マンを儲けさせるだけ、というのが実情です。**知識も人脈も必要で、かつ危険な不動産投資に足を突っ込むぐらいなら、少額からJリートを始めてみるのがいい**でしょう。

［6］「個別株」は、［2］［3］［4］の投資信託で、少額でもいいので安定的に利益を得られるようになったら視野に入れていきましょう。私が5億円を築いた「個別株」投資のテクニックものちほど紹介します。

［1］～［6］の投資法は、すべて20代前半から投資を始めた私が実際にやってきた金融商品ばかりです。初心者でもネット上を探せば豊富なノウハウを見つけることができ、比較的手を出しやすいものです。

［1］の「自己投資」、［2］の「つみたてNISA」については第1章と第2章ですでに詳しくお伝えしたので、次に［3］［4］［5］［6］の具体的なポイントをそれぞれ見ていきましょう。

「全米株式インデックスファンド」を購入する

つみたてNISA口座で「eMAXIS Slim 米国株式（S&P500）」を積み立てた上で、それにプラスして特別口座でほかの何かを購入するのなら「全米株式インデックスファンド（楽天VTI）」がおすすめです。ここでは短く「楽天VTI」と呼ぶことにします。

「楽天VTI」が主として投資するのは「バンガード・トータル・ストック・マーケットETF（VTI）」です。バンガード社は、世界3大ファンドのひとつで、インデックスファンドの4割のシェアを誇ります。**「楽天VTI」を購入するだけで、米国上場企業4000社に投資できる**のです。

投資信託の運用会社は、規模が大きいほど手数料が安くなります。信頼性についても高い評価を得ています。

なお、「楽天VTI」を購入（口座開設）するなら楽天証券がおすすめです。「楽天VTI」以外にも、「ETF（上場投資信託）」や貴金属など幅広い金融商品に積立投資ができて、手間もかからず、手動で買うより圧倒的にラクです。

「全世界株式インデックスファンド」を購入する

次に「全世界株式投資」ですが、これは投資先を全米から世界に広げたもの。分散投資の効果が最大になるものです。

私のおすすめは「楽天・全世界株式インデックスファンド」です。別名「楽天バンガードファンド（全世界株式）」とか「楽天ＶＴ」と呼ばれています。ここでは「楽天ＶＴ」と呼ぶことにします。

この商品は楽天投信投資顧問とバンガード社の提携で生まれた投資信託です。

バンガード社は個人投資家の利益を追求する運用会社として知られ、２０１９年時点で運用資産は５・４兆ドルを超え、世界で初めて個人向けのインデックスファンドを提供したことでも知られています。

そのバンガード社の主力商品のひとつが、世界49カ国の主要企業の株式を投資対象とした「バンガード・トータル・ワールド・ストックＥＴＦ（通称「ＶＴ」）」です。「楽天ＶＴ」は、楽天証券が「ＶＴ」を日本の投資家にも手軽に買えるようにしたオリジナル商品なのです。

「楽天ＶＴ」は、まさに究極の「分散投資」を実現しています。これひと

つで、日本、先進国、アジアなどの新興国、東欧やイギリス、ドイツ、フランスなどの主要国まで、全世界のおよそ8800銘柄に分散投資ができます。

その意味でも「楽天EVT」は安定感抜群の投資信託です。さらに「つみたてNISA」のときと同じように、自動の積立購入も可能です。

ただし、ETFは非課税ではありません。逆に、購入額に「つみたてNISA」のような上限がないので、資金に余裕があれば随時投資額を増やしていくのもいいでしょう。

この商品も長期投資をして初めて大きなリターンを得られるインデックスファンドです。資金に余裕がある人が、積み木の上に、さらに別の積み木を積み上げるように、「つみたてNISA」で得られるリターンを倍増させるイメージで始めるのが得策です。

◆もっと豊かになるために別の投資を取り入れよう

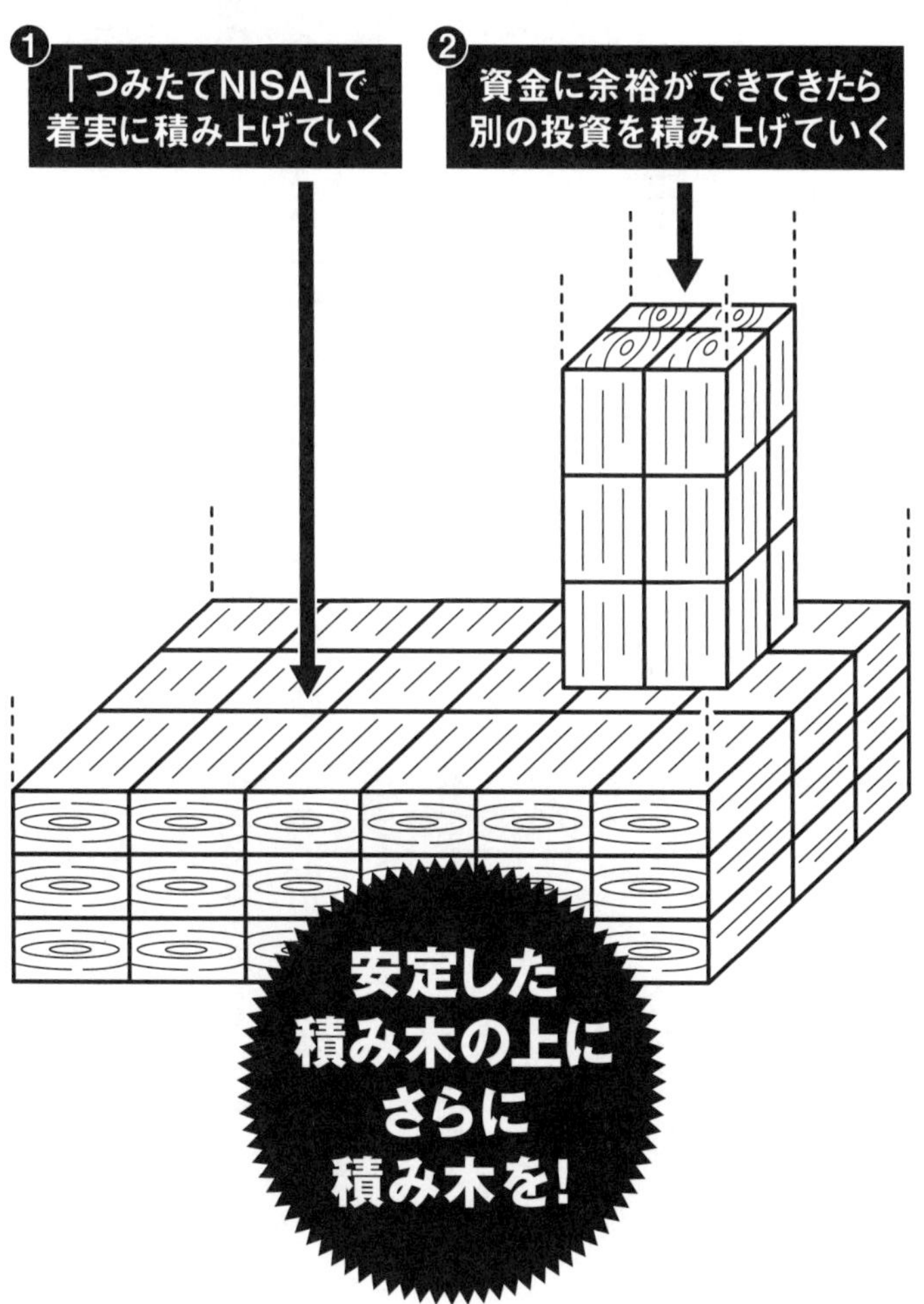

金を投資商品とする「金ETF」を購入する

経済的自由人を目指すのなら、「株式」や「債券」だけでなく、「コモディティ（金・銀・プラチナなどの貴金属、原油やシェールガスなどのエネルギー、トウモロコシや大豆などの穀物）」にも投資したいところです。

「コモディティ」は世界的に価値が認められている金融商品で、不況時に値上がりする傾向にあります。

なかでも**「金（ゴールド）」は、世代を問わず人気があり、持っていて損はない資産**です。金は供給量が限られ、歴史的に世界中で価値が認められて、今日に至っています。世界の基軸通貨は米ドルですが、国際標準化機構（ＩＳＯ）では、金、銀、プラチナも世界で通用する通貨として認めています。

資本主義社会では、長い目で見ると、必ず物価が上がるインフレサイクルがあります。なぜ、そのようなサイクルが生み出されるのか。一説には、需給バランスが崩れるからだと言われています。

例えば、穀物や原油の生産量が上がると、市場価格は安くなります。それを防ぐため、生産農家や採掘業者は生産量を抑えて出荷を調整しようとします。すると、今度は市場価格が少しずつ高くなり、再び「コモディティ（穀物や原油の総称）」の値上がりが始まるのです。

同時に、各国政府の思惑が介入したりヘッジファンドや商社などの売買が進んだりするため、サイクルは不定期のように見えて一定の間隔で上下を繰り返してきました。「コモディティ」のサイクルについては、物価が上昇すると供給量が制限され、工業製品にも使われる金やプラチナの価格も上がっていくので、タイミングさえ間違えなければ安定したリターンが期待できるのです。

また、リーマンショックなどの金融危機が起きたときは、株式や債券は軒並み下がっていきますが、過去の傾向として、現金と同じ現物資産と見なされる金は値上がりすることも少なくありません。株価が下がる一方で、金価格が上昇すれば損失をリカバーできます。

つまりは**「分散投資」こそ、最高のリスクマネジメント**です。株式のインデックスファンドに加えて、値下がりしたタイミングで金を保有しておけば、金融危機が起きても慌てることはありません。

■「金ETF」のおすすめ銘柄は2つ

金に投資するといっても、金の現物を購入するには、最低500万円程度の資産が必要です。防犯上、家に置いておくわけにもいかず、銀行で貸金庫を借りるなどの保管コストがかかります。多くの人にとって現実的なお話ではありませんね。

そこでおすすめなのが**「金ETF」です。これは、株の投資信託と同じように、専門家がたくさんの投資家からお金を集めて、投資家の代わりに金の現物を購入・運用してくれる投資信託**のことです。

私たち個人投資家は少額から金に投資できます。株を売買するときと同じ流れで金を買えるようにした、投資売買向けの金融商品と捉えておけばいいでしょう。

「金ETF」は、金の価格に連動するように設計されているため、損益は金の価格の変動によって決まります。数千円からの少額投資ができるので、まとまった資産がなくても、コツコツと長期投資することもできます。

「金ETF」を運営している会社は、三菱UFJ信託銀行や野村アセットマネジメントなどの金融機関が中心です。シンプルな仕組みなので、銘柄は数種類しかありません。2021年8月時点では、4000〜6000円程度から購入できます。

おすすめの銘柄は、次の2つです。

「純金上場信託（金の果実）」
「SPDRゴールド・シェア」

おすすめする理由は、管理会社への信託報酬（手数料）がどちらも0・4％程度と割安だからです。手持ちの「金ETF」が年間1％上昇しても、信託報酬が1％だったら利益が発生しません。**できるだけ信託報酬を抑えた銘柄を選ぶ**べきです。

「金ETF」を購入するのは、株のインデックスファンドで順調に資産が増えたタイミングで、暴落などの資金の目減りを回避するために運用を考えればいいでしょう。

あくまで利回りの大きな株式投資がメインです。金への投資が早すぎても、あまりメリットを享受できません。

■「Jリート（不動産投資信託）」を購入する

前述の［2］［3］［4］の投資信託は、基本的には積立方式の長期投資に向いている商品です。投資信託の多くは、収益（キャピタルゲイン）や分配金（インカムゲイン）が自動的に再投資される仕組みになっています。再投資による複利効果によって、少額からの投資でも大きな利益を得られるわけです。

そのため、投資信託は将来の資産を増やすのに向いていても、早めに使えるお金を増やしたい人にはもどかしいでしょう。

そんな人におすすめなのが「Jリート」。日本の不動産を中心に扱った投資信託です。

Jリートは、たくさんの投資家から集めたお金で、専門家が、マンションや商業施設、オフィスビルなどの複数の不動産を代わりに購入してくれ、その不動産の賃貸収入や売買益を投資家に分配してくれる仕組みです。不動産に特化した投資信託というわけです。

「リート」とは米国で生まれた不動産投資の仕組みで、その日本版がJapanの頭文字をとって「Jリート」と呼ばれています。証券取引所に上場しているので、株や債券と同じように証券口座で売買できます。

マンションや戸建てを購入して運用する不動産投資は、投資初心者が手を出すにはハードルの高い分野でした。まとまった資金が必要で、金融機関から多額の融資を受けて購入した物件が、ただの負債になってしまった例も数多くありました。

不動産業界には魑魅魍魎がうごめいていて、本当の優良物件の情報は、一般の人がそう簡単にアクセスできるものではないのです。そもそも不動産投資は、大病院の医師など年配のお金持ちが、子どもたちへの相続税対策に利用するのに向いていて、一般の人が資産形成のために運用するにはリスクも高すぎます。

しかし、「Jリート」の登場によって状況が一変しました。Jリートの「福袋」の中には、さまざまな種類の不動産が含まれています。専門家が複数の不動産に分散投資してくれるので、不動産投資につきものだったリスクが軽減されたのです。

また、「Jリート」の中には20万円以下で投資できるものもあるので、投資資金がある程度貯まったら、株の投資信託と同じように、余剰資金で気軽に始められます。

さらにもうひとつ、**「Jリート」には利回りが高いという魅力があります。**

年利5～6％を超える商品もあり、利益のほとんどが投資家に分配される仕組みになっています。実際の不動産を購入するのと同じように、不動産収益を分配金（配当金）として受け取れます。

例えば、１００万円分の「Jリート」を購入した場合、毎年6万円が配当金として戻ってくるイメージです。銀行に預けていても１００円しか増えない時代に、毎年6万円のお小遣いをもらえるのはうれしいですよね。

ただし、Jリートも投資であるかぎり、リスクは常につきまといます。物件の賃料収入が減ったり、少子高齢化や需要の急激な悪化で物件価値が下がれば、それだけ投資家に分配される配当金は減ります。不動産バブルがはじけて、今より利回りが下がる可能性もあるでしょう。

「ＲＥＩＴ・ＥＴＦ」は不動産の最大分散投資

そこでおすすめしたいのが「ＲＥＩＴ（リート）・ＥＴＦ」です。これは、各「Ｊリート」が発行する証券に分散投資するＥＴＦのこと。おそらく、みなさんの頭に「？」マークが点灯中でしょうから、シンプルに整理します。

「Ｊリート」を購入することは、それ自体が「分散投資」で、複数の不動産商品がパッケージになった「福袋」です。この福袋を集めて、さらに大きな「福袋」に入れて売り出された商品が「ＲＥＩＴ・ＥＴＦ」なのです。

つまり、これ以上ないくらい「分散投資」しまくっているわけですね。ですので、個々の不動産の運用実績に一喜一憂する必要はありません。不動産ＥＴＦの需要と供給の動きだけをチェックしていればいいわけです。

「REIT-ETF」でおすすめの銘柄を3つ、分配金の支払い月を添えて紹介します。

「NZAM上場投信」（東証REIT指数）……1月、4月、7月、10月

「i-シェアーズ・コア」（JリートETF）……2月、5月、8月、11月

「ダイワ上場投信」（東証REIT指数）……3月、6月、9月、12月

3つすべてに投資すると、まるで月給のように毎月分配金をゲットできます。

分配金（インカムゲイン）を得ることこそ、経済的自由人になるためには欠かせないことです。最初は光熱費程度しか補填（ほてん）できなくても、投資額を増やしていけば、娯楽費や食費、家賃といった具合に、分配金だけで生活することも夢ではありません。

この「REIT-ETF」への第一歩として、まず「Jリート」を活用してみてください。

「個別株」はハイリスク・ハイリターン

最後は［6］の「個別株」です。まずはその基本的な心構えをお話しします。

私が30代で3億円の資産を築けたのは、ここまで紹介した投資法に加えて、「個別株」の投資に成功したからです。あなたが若くして投資で成功したい、あるいはある程度余裕を持った経済的自由人を目指すなら、「個別株」は避けて通れない道です。

よく、「投資信託で億を稼いだ！」のような話をブログなどでしている人がいますが、**少なくとも私のまわりで、インデックス投資だけで億を超えて稼いだ人はいません。**

短期間の投資信託で億を稼ぐには、もともとの「タネ銭」が多くなければならないし、ブログやアフィリエイトといったサイドゲインなどの副業収益の再投資がなければばかなわないでしょう。

「つみたてNISA」のところで説明したように、投資信託は長期にわたって運用して初めて、大きな資産を得られるものだからです。

もちろん、それを否定しているわけではありません。あくまでここからは早くFIREしたい、若いうちに投資で成功したいという人向けです。老後までに着実に資産形成したいという人向けではありません。

正直に言いますが、**タネ銭が数十万円しかなく、かつ5年や10年という短期間の投資で億を稼ぐには、「個別株」の投資にチャレンジするしかありません。**そこには、これまで紹介してきた投資法に比べて、はるかに高いリスクが伴います。

大きなリターンを求めるということは、それだけ大きなリスクを伴うということです。そのため、この章はぜひ心して読んでいただきたいですし、少しでも自分には無理だと感じたならば、無理をせず、積立投資やＥＴＦでの少額投資に集中してください。

一方で、リスクを最小限に抑えて株での戦いで勝つのは、みなさんが想像しているほど難しいことではありません。

実際、私は、２００４年に投資信託などで得た利益の２００万円を使って「個別株」の投資を始めたところ、面白いくらいうまくいきました。少し株価が下がった株を探して買っておけば、数日から数週間後には必ず利益になっていました。

連勝を重ねていき、気がついたときには２００万円が１０００万円にもなっていました。

それもそのはず、この時期はバブル崩壊後の戦後最安値から、小泉政権によって回復基調になり、それまで離れていた多くの外国人投資家や個人投資家が戻ってきたことで、市場全体が右肩上がりになっていたのです。そのため、たいした経験や技術がなくても、誰でも勝てたタイミングでした。

しかし、２００８年のリーマンショックを境に、億に近づいていた資産はみるみる減っていき、最後にはスタート時の資産にまで戻ってしまいました。理由は、調子にのって信用取引でレバレッジをかけていたことです。

さらに、２０１１年の東日本大震災以降は、資金が底をつくばかりか、２度の追証（信用取引の委託保証金を追加で入金しなければならない状態）をくらって破産寸前にまで追い込まれました。

■「個別株」で安定して勝てる投資法がある

私はこれを機に、株式投資への向き合い方と、自分の売買手法を一から見直しました。

景気が右肩上がりのときに安く買って高く売れば、儲けられるのは当たり前です。**大切なのは「いつ訪れるかわからない暴落時に備えて、どれだけリスクを分散させ、かつ、どんな局面でも安定した利益を得られるようにするか」**です。

私は、それまで経験してきた膨大な量の株取引の履歴から、「成功の方程式」を求めて研究し続けました。

そんななか、運命的なめぐり合わせで、名古屋に住む投資歴40年、運用資金20億円という、昭和を生き抜いてきたプロの相場師に教えを乞うことができました。

そうしてたどり着いたのが、**「うねりチャート底値買い投資術」**です。

この投資法に転向してから、私は「個別株」でコンスタントに、安定して勝てるようになりました。不動産投資と合わせて5億円の資産形成に成功し、今では、配当金だけで生活できる「経済的自由人」の仲間入りをしています。事業収益と合算すれば、売却時の資産は10億円を超えるでしょう。

ここに至る道のりは決して平たんではなく、私は投資家として天国も地獄も味わいました。どんなにリスクマネジメントしても、**「個別株」には常にリスクがつきまといます。**

なので、繰り返しになりますが「老後資金を貯めたい。資産を少しずつでも増やしていきたい。でもリスクは負いたくない」と考えている方は、「個別株」には手を出さないでください。

一方、自分の人生プランを熟考した上で、自分には「個別株」が必要だと思えた人は、次の第4章を読んでください。私が相場歴22年をかけて培った「うねりチャート底値買い投資術」のポイントをお伝えします。

ただし、あらゆる投資は「自己責任」で行うのがルールです。その覚悟を持てる人だけ、お付き合いいただければと思います。

■20代～30代におすすめの投資計画

では、まとまった投資資金を持たない20代～30代の若年層が、現実的に「個別株」投資を武器に経済的自由人を目指すには、どうすればいいのでしょうか？

提案したいのは次のルートです。165頁の［1］～［6］を参照してください。

【1】「自己投資」

サラリーゲインとサイドゲインを増やす

⬇

【2】「つみたてNISA口座でインデックスファンド」

投資の経験を積み、できるだけ早く初級者ステージをクリアする

⬇

【4】「特別口座でETFインデックスファンド」
売買の運用実績を積んで投資家の中級者ステージへ

【6】「個別株」

サラリーゲインやサイドゲインにいくらでも伸び代がある年代なのに、「お金の投資」にばかりに人生を費やしてしまうのはいただけません。まずは、資産運用の準備段階と同時並行でいいので、**とにかく「自己投資」**をしましょう。

今から徹底的に自己投資をしていけば、たとえ今、満足のいかない年収だとしても、資格をとったりスキルアップをして昇進や転職を重ねていけば、いくらでもサラリーゲインを伸ばすことができます。

自分というキャッシュマシーンの残高は、自分で決めるものです。それでも収入が上がらないのなら、思い切って**副業をしながら起業する**のも手です。

「思い切って」と書きましたが、起業して仮に失敗したとしても、いくらでもやり直しがきく年代です。

もっといえば、起業して失敗するという貴重な経験は、その後の仕事や人生に必ず活きてきます。行動を起こして失敗しているのであれば、それは失敗ではありません。あなたの成長を後押ししてくれるものとして、あえて**失敗を取りにいくつもりで、恐れずに前に突き進んでいく**ことも、明確な目的があるなら大切です。

キャリアやお金の勉強を始めたら、同時に**まずは「つみたてNISA」、余裕があれば「特別口座でETFインデックスファンド」を積立てで買い**、数カ月ほったらかしておきましょう。

本を読むのと、実際に自分のお金を証券口座で運用しているのとでは、手に入る感覚も経験も、目に見える世界も数百倍違います。これは、やってみればわかります。その日から、世界の経済ニュースの見え方も、がらりと変わるでしょう。

ただし、投資が本業に悪影響を及ぼすようなら、それはお金に振り回されている人生だと言わざるを得ません。

若い頃こそ、自分がやりたいこと、好きなこと、一生の仕事にしたいことを見つけて、日々の自分との約束を反故にせず、努力を惜しまず邁進していくようにしましょう。「お金の投資」は、それを後押しするための、経済的な安心料と捉えてください。

もし、**この年代である程度まとまった資金を手に入れることができ、早くも経済的自由人を目指してスタートを切れる人は、少額であれば「個別株」にチャレンジしてもいいでしょう。**

30代以降になって、さらにまとまった資金が用意できたら、これまでの経験値を総動員して「個別株」の投資に勝負をかけてみるのもいいでしょう。

「個別株」をやると、「つみたてＮＩＳＡ」や「インデックス投資」を活用したドルコスト平均法のよさをあらためて理解できるはずです。暴落時の勝率を上げるＥＴＦの一括投資の方法やタイミングがスムーズにつかめるようにもなります。

■ 40代～50代におすすめの投資計画

今の時代、40代～50代になっても、常に自己投資をしていなければ、時代から取り残されてリストラの対象になったり、できる仕事がなくなってしまいます。出世ルートに乗っていなければ、給料を爆発的に増やしていくことは難しいかもしれません。ですが、家族を守るためにも、自己投資は続けていくべきです。

世間では、大人になってからも勉強を続けるのは珍しいと言われます。しかし、これはある意味チャンスで、人生は逆張りにこそ価値があります。投資と同じで、受験勉強とは違い、まわりが勉強をしていない今だからこそ、相対的にあなたの価値がグンと上がりやすくなるといえます。

40代～50代でも自己投資を続けるという前提で、お金の投資をするとしたら、次のルートです。

【2】「つみたてNISA口座で米国株式インデックスファンド」
↓
【3】「特別口座で全世界株式ETFインデックスファンド」
↓
【4】「金ETF」への積立投資
↓
【4】「Jリート（不動産投資信託）」と「個別株」の併用

この年代なら「つみたてNISA」を始めても、非課税の恩恵を十分に受けられます。加えて、別の投資信託で全世界株式や金、不動産などに幅

広く「分散投資」していけば、安心できる老後生活が待っていることでしょう。

「老後に困らないくらいお金が増えればいいよ」という方は、「個別株」には手を出さないほうが無難です。いちばん怖いのは、この年になって貯金が少ないからと、一攫千金を狙って「個別株」に全額投資してしまう人です。

「ずっと日経新聞を読んできたから」「マネー雑誌や株の本を読んで勉強してきたから」と安易に「個別株」投資を始めて、大きな金額を投下してしまう人は少なくありません。とくに、小型株の急騰ばかりを狙って集中投資を続けていると、リーマンショックやコロナショックのような大暴落で痛い目にあうことがあります。

そのためにも、「老後資金を貯める」のが目的ならば、この年代からでも、コツコツと投資信託の積立投資をするようにしましょう。

その上で、資金にある程度余裕が出てきた人やインデックス投資で経験を積んだ人は、急落時や暴落時に「ＲＥＩＴ-ＥＴＦ」や「個別株」に投資する金額を回して、分配金額を増やしていくのを目標にしてはいかがでしょう。

ここで大切なのは、**急落や暴落のタイミングを待つ**ということ。

米国株の代表的な指数「ダウ・ジョーンズ」の過去のデータによると、**小さな急落は年に3回程度、大きな暴落は数年に1度起こる**とされています。このタイミングだけを狙って投資をすれば、リスクを少なくして値上がり益と配当金益を同時に狙えます。

配当金が増えていけば、毎月の生活費の負担を減らせます。お子さんがいる方は教育費として利用するのもいいでしょう。

老後のために着実に積み立てながら、日々の生活の負担を少しでも減らすことが、この年代が目指すべきスタンダードな投資法です。

もちろん、あなたの意志は自由です。何歳からでも「経済的自由人になりたい！」という意気込みを持つことはできます。勉強熱心で自己責任の意識の高い方は、あえて「個別株」に挑戦してもいいでしょう。

ただし、分散投資を心掛けつつ、まず慣れることから始めてください。すべてを失うリスクの高い行為は絶対に避けるべきです。

60代以上におすすめの投資計画

定年前後から投資を考える方は少なくありません。長くサラリーマンとして働いてきた方の中には、まとまった退職金を運用しようという人が多いようです。

退職金を1000万円以上もらえる人なら、年金もそれなりにもらえ、豪遊しなければ老後資金に困ることはないでしょう。ただ、銀行に預けておくくらいなら、**「つみたてNISA」**や**「全世界株式ETF」**などに加えて、**「国債」**を購入

するのもひとつの手です。

国債は、国が発行する「債券」です。債券とは、資金調達のための借用書のようなもので、日本だけでなく世界各国が発行しています。

つまり、「国債を買う」ということは、そこに「お金を貸す」ことを意味しています。日本の国債を買うということは、日本にお金を貸しているということになります。

日本の国債でもいいですが、**いちばんのおすすめは米国の国債**です。購入時点で償還日（満期）が決まっていて、満期までの期間に年2回の利払いが受けられます。満期に達すると、投資元本が一括返済される仕組みです。元本保証なので、米国財務省が破綻しないかぎり、極めて安全性の高い金融商品です。

米国債は、満期を10年で利回り1・52%、期間30年とすると2・15%になります。

日本国債は10年で0・05%程度。銀行に預けても金利0・01%にしかならないので、米国債ははるかにいい利回りです。格付け会社も、日本国債より米国債のほうを高く評価しています。

「退職金なんてないよ」という人も、こんな時代ですから少なくないはずです。貯金が少ない人は、今からでも遅くはないので、ここまでに紹介した「つみたてＮＩＳＡ」を始めましょう。

人生１００年時代。厚労省は「１００歳以上の人は全国で8万６５１０人、そのうち女性が88％」と発表しました（２０２１年9月統計）。もし、これだけの長寿をまっとうできるのであれば、仮に今、70歳だったとしてもあと30年も人生が続くのです。少しでも早く「つみたてＮＩＳＡ」を始めれば、将来、年金では足りない生活費を補えるようになります。

また、すでに紹介したように、「つみたてＮＩＳＡ」は好きなときに現金化できますし、そのときまでに利益が出ていれば、それは非課税となります。

今日が人生でいちばん若い日です。「つみたてＮＩＳＡ」や「特別口座でのＥＴＦインデックスファンド」は、早く始めるほど、多くのリターンを得られます。銀行に預金している方は、少しでも老後資金を増やすために、証券口座を開設して投資を始めましょう。

この章でお伝えした投資法は、「投資初心者が、できるだけリスクを抑えて行うなら」という前提で提案しました。

投資に対する不安感は、自分でしっかり調べて納得すると、そのほとんどが解消されます。さまざまな商品を楽しみながら比較検証していき、よけいな手数料やリスクが少なく安全性の高い商品を選んで、投資を始めてください。

ここまで来れば、あなたはお金を増やす「第３の波（ビッグウェーブ）」に片足を乗せているのと同じです。あとは、せっかく乗った大きな波から、途中で降りないようにするだけです。

長く続けていると、暴落が起きたときに財産を失う不安や恐怖から、途中で投資をやめてしまう人が数多くいます。それでは、コツコツ積み上げてきたものが水の泡です。「ＮＩＳＡ」は、一度売却すると非課税枠そのものも消滅してしまいます。

不安や恐怖に打ち勝ち、投資を長く続けるための「投資家マインド」については、第6章でお伝えしますので、ぜひ参考にしてみてください。

仮想通貨は儲かるものなのか

この章の最後に、とくに注意していただきたいことに触れておきます。

20代～30代の若い世代を中心に、ビットコインなどの仮想通貨や暗号資産がブームになっています。

毎月都内で行われているセミナーには、２０００人もの人が集まっているそうです。かつて若者の間でブームとなったネットワークビジネス以上の盛況ぶりです。

しかし、私は**仮想通貨はもちろん暗号資産もやめたほうがいい**と思います。暗号資産で億万長者になった人は確かにいますが、それはごく限られた「かなり運がよかった人」か「あなたよりも先に始めた人」です。宝くじに当たった、ネットワークビジネスで頂点になった、というのとほとんど変わりません。

現在は、米ドルが世界の基軸通貨となっています。暗号資産に心酔している人の中には、「暗号資産が近く世界の基軸通貨になってニューノーマルの時代が訪れ、数年後にはドルが無価値になる」と信じ込んでいる人がいます。セミナーなどで講師たちがそのようにマインドコントロールしているからです。

しかし私の考えでは、暗号資産が数年後、いや20年後でも、世界の基軸通貨になることはあり得ません。世界の歴史をなんだと思っているんだ、と言いたいところです。現在の資本主義社会がどのようにして成立したのかを知らない人ほど、暗号資産の可能性に目がくらんでいるように思えてなりません。

万一、暗号資産がドルを駆逐しようとしたら、米国は即座にドルをデジタル化して返り討ちにするでしょう。すでに、中国が始めたデジタル人民元に対して、米国政府は次々と対応策を打ち出しています。経済封鎖や貿易制限はそのひとつにすぎません。暗号資産にそこまでの規制をかけないのは、脅威とすら感じていないからでしょう。

そのとき世界は、保証人のいない暗号資産と米ドルのどちらに加担する価値があると考えるでしょうか。

今の世界のパワーバランスのなかでは米ドルに決まっています。「価値」とは、一朝一夕に醸成されるものではなく、長い歴史の積み重ねで生まれるもの。今も「金」に何物にも代えがたい希少価値があるのは、それが紀元前からあったからです。

また、仮想通貨には「減損期」が必ず設けられています。仮想通貨の価値が無限に高まらないように、価値が自然と希薄していくシステムです。マイニング（採掘）を続けるたびに、その価値は減る仕組みになっているわけです。

このことは、**最初にたくさんの既得権益を持っていた人の利益（創業者利益）が確保されていることを意味します。今から始める人は、勝負が始まる前から不利な条件に立たされているのです。**

■リスクだらけの投機商品もある

例えば「ドージコイン」は、柴犬がイメージキャラクターのコインです。よほどの柴犬好きならば別ですが、柴犬の顔をしたコインに投資する神経が、私にはわかりません。これは明らかに「投機」です。

ここに書いたことは、もちろんあくまで私の主観です。しかし、ある程度金融に詳しければ、仮想通貨や暗号資産には不確定要素が多すぎることを否定する人はいないでしょう。

投資をするということは、それだけでリスクが伴う行為です。プロの間で投資はリスクオンと呼ばれます。**暗号資産を買うことは、リスクにリスクを重ねている行為**にほかなりません。

断崖絶壁に安価な木材で家を建てるくらい危険なこと、猛烈な台風の日に「ほう、いい波が来てるぜ！」と海に飛び込んでいくくらい危険なことです。

すべてを理解し、承知の上で一攫千金を狙って投資するのを止めはしませんが、**これから経験を得たい投資初心者が歴史のない暗号資産に投資することは、やめておいたほうがいいでしょう。なぜなら投資とは、過去の歴史を参考にしながら未来の動きを予測する行為だから**です。

第4章

短期間で億を稼ぐ個別株投資メソッド

■「個別株」には実践知を高めるしかない

ここからは、私が50万円の資金から5億円の資産を築くことに成功した「個別株の投資法」についてお話しししていきます。

前章まで紹介してきた投資法が、誰もが乗れる「細かい波」だとすれば、**個別株の投資は「高い波」であり、ときには危険な「津波」にもなります。**

そんな巨大な波に乗れたときだけ、短期間に億を超える資産を形成できる可能性があります。しかし同時に、波から叩き落とされ、取り返しのつかない損失を被る可能性もあります。

そのことを承知した上で、あなたが設定した「人生の目的」に到達するのに「個別株」の投資が必要だと決めたのなら、ここからの章を読んでいただければと思います。

そもそも株（株式）とは、株式会社が資金を調達するために発行する「証券」のことです。投資家が出資して証券を買うと、その企業の株主（オーナー）になれるわけです。

その企業の株価（株式の価格）が値上がりすると、株主にはその分の利益（キャピタルゲイン）が支払われ、企業の業績次第で配当金（インカムゲイン）ももらえます。

これが「個別株」の投資システムです。

「個別株」の投資で利益を生み出す方法は、極めて単純です。

「安いところで買って、高いところで売る」

これさえできれば、お金はおもしろいくらいに増えていきます。

にもかかわらず、**投資家の9割が株で損失を重ねてしまう**のは、「高いところで買って、安いところで損切りしている」からです。

当たり前のことですが、「安いところで買って、高いところで売る」ことさえできれば、難しい株の理論や知識を知らなくても、誰でも株で儲けられます。

ただ、重要なポイントがひとつだけあります。

それは、**「売買のタイミングさえ見誤らなければ」**ということ。

「いや、そのタイミングがわからないのだ」と投資経験のある人なら思うでしょう。もちろん大前提として、「このタイミングで売買すれば１００％儲かる」といった投資法は存在しません。そんなことを言う人がいたら、その人は詐欺師です。これは「個別株」の投資にかかわらず、「つみたてＮＩＳＡ」でも「投資信託」でも同じです。

１００％儲かる投資法などこの世に存在しません。では、どうすればいいのか。

プロの投資家は、**不確実性やリスクをできるかぎり分散させて、１％でも勝率を高めていく**方法を探します。

「個別株」の投資では、経験を重ねて「実践での知識」を高めることが、売買のタイミングを見極めるのには欠かせません。投資を始めて、チャートの波に身を委ねながら、「買う」「待つ」「売る」の3つのアクションを繰り返し、実践知を高めていくと、勝つための売買のタイミングが体感的につかめてきます。

そのためには、**できるだけ早い段階で「小さな失敗」を重ねていく**ことが必要です。

少額からスタートして、早い段階で「小さな失敗」を重ねていくと、経験値が貯まっていき、いざ大きな波が来てお金を動かそうというとき、正しい判断を下せるようになってくるのです。

これは、いわば「失敗貯金」です。失敗貯金が貯まるほど、最終的に大きなリターンが得られる可能性が高くなります。

ビギナーズラックで成功した人は、その後、必ずといっていいほど大きな損をします。失敗貯金が貯まっていないため、勝つための売買のタイミングがつかめておらず、暴落したときに正しい対応ができないのです。かくいう私もそうでした。

サーフィンと同じように、巨大な波に乗れるようになるには、何度もチャレンジしては失敗を繰り返し、ふたたび波に乗るということを繰り返しながら、実践知を高めていくしかありません。

「欲望」「恐怖」「迷い」の感情をコントロールする

とはいえ、投資の初心者がなんの手掛かりもないまま、個人株の投資を始めるのは不安でしょう。

株というものは、つねに目に見えない不確実性との戦いです。株で継続的に勝つためには、そうした市場が持つ不確実性をかぎりなく減らす必要があります。

不特定多数の投資家が利益を追求している市場を支配している不確実性とは、「欲望」「恐怖」「迷い」の大きく3つです。

「多く儲けたい」という欲望があるから、身の丈に合わない資金を大量に動かします。「この銘柄は必ず上がるはずだ」という自分勝手な思い込みで買ってしまい、大きな損失を生み出してしまうのです。

株の世界での思い込みは、すべて「欲望」が生み出した幻想です。

また、損をするのではないかという「恐怖」があるから、大きく下がったところでも、怖くなって買えなくなります。待ち続けた株をロスカットできずに、大きな後悔にさいなまれてしまうのです。

さらに、投資経験が豊富な人でも、相場では「迷い」がつきもの。明日、上がるか下がるかわからない迷いのなかで買いと売りの決断をして、少しでも勝率を高める努力を続けています。

ですから、**「個別株」の投資では、「欲望」「恐怖」「迷い」の感情をコントロールできることが、極めて重要**になってきます。

逆に、この部分さえしっかりと押さえてしまえば、やることは極めて単純です。ネット証券口座で、ワンクリックで株を買い、ワンクリックで売るわけですから。

要するに、**株で勝てるか否かは、あなたの「メンタル次第」**だといえます。

では、実際にはどうすればいいのでしょう。

重要なのは**「メンタルの弱さは、売買ルールを設けて技術を習得する」ことで克服していける**ことに、早く気づけるかどうかです。

あらかじめ、自分の「売買のルール」を手に入れて、チャートの動きに合わせた「技術」を習得すれば、欲望や恐怖に打ち勝って正しい判断ができるようになります。

そこで、この章の後半からは、「個別株」にチャレンジする人にまず覚えていてほしい「ルール」と、勝つための「技術」の、基礎の基礎をお伝えしたいと思います。

■「個別株」には「9つの投資ルール」がある

私は、自らの「欲望」「恐怖」「迷い」の3つをコントロールするため、次の**「9つの投資ルール」**を頭に叩き込んでいます。

①投資を始める段階で、儲けることだけ考えず、損することも考える
②投資は勝ち負け両方があるゲームである
③最初にいくらまでの損なら許容できるかの答えを用意しておく
④一定の損失はビジネスで言う「必要経費」だと考える
⑤小さな失敗をしたら「失敗貯金」が増えたと喜び、経験知に変える
⑥同じ失敗を繰り返さないように、日々努力を積み重ねる

⑦小さな急落は1年に数回、暴落は3年に1回、大暴落は7年に1回来る
⑧余裕資金は常にプールしておく
⑨当たっても外れても、相場では（最終的に）勝てるようにする

これさえ頭に叩き込んでおけば、仮に損失が生じても動じません。「株とはそういうものだ」とわかっているので、焦って損切りをしたり、損失を取り返そうと無謀な行動をしたりしないですみます。

私は、株の資産が1億円を超えるまでは、この「9つの投資ルール」をデスクの前のよく見える壁に貼って、読み上げないまでも、朝の投資時間の前に眺めるようにしていました。変色していますが、今でも壁の同じ場所に貼ってあります。

いざ株式投資で大きなお金を動かすとなると、日々の値上がりや値下がりに心が揺さぶられないようにするのは難しいことです。

私も初心者の頃は、どうしても株価が気になってしまって、仕事が手につかない時期がありました。毎日、携帯電話をお昼休みのカフェや、自宅の寝室に持ち込み、マーケット情報を見ながら「上がれ！　上がれ！」と血眼（ちまなこ）になって願をかける日々でした。

みなさんがそうならないためにも、**「損をしても構わない」と思える少額からスタートして、株式市場のリアルを肌で感じることから始めてみてほしい**のです。

少額とはいえ、稼いだサラリーゲインやサイドゲインが失われていくと、「何が悪かったのか」「どうすれば改善できるのか」と自然と考えるようになり、勉強や工夫を続けるようになります。

書店であなたの失敗を解決してくれる株の本を探してみるのもいいでしょう。私はよく、自分が経営する会社の若手社員に「書店は答えを探しにいくところでなく、答え合わせをするところだ」とも話しています。

行動した結果、見つかった課題や障害をどうクリアすればいいのか、その答えを書店に確認しにいくのだという意味です。

「改善」と「実践知」を積み上げた先にしか、「個別株」で勝てる道はありません。

読んだ本を片っ端から武器に変える「読書法」については、拙著『死ぬほど読めて忘れない高速読書』（アスコム）に余すところなく紹介しています。興味がある方はそちらもご一読ください。

■買う銘柄はチャートを見ればわかってくる

株投資を始めるとき、まずはどの株を買うか銘柄を選ばなければなりません。

銘柄選びで私が最も重要視しているのは、株価の変動を示す「チャート」です。

会社の業績やニュースもチェックしますが、私がいちばん信頼しているのがチャートなのです。

日経新聞や会社四季報、マネー雑誌、投資セミナーやネットメディアには、多彩な投資情報があふれています。しかし、実際そういった情報を参考に株を買っても、継続的に勝てる投資家にはなれません。

「ＥＳＧ（環境・社会・企業統治に配慮している企業）株がくる」「これからは再生医療！　バイオ株の時代だ」といった情報を知ったところで、その株が、いつからいつまで伸びるかはわからないからです。

いわゆる新聞紙上を賑わせるような成長株（グロース株）は、当たれば夢のような利益が入りますが、その後の動きが予測できないのが難点です。ミクシィ株やユーグレナ株のように、買ったタイミングが最高値で、10年以上にわたって下がり続けることもあります。

未来のことは誰にも予測できないのです。

そこで「チャート」の登場です。

チャートは、過去のデータを蓄積して今に表現したもので、チャートを参照すれば、その銘柄が10年前から現在にわたって、どのような値動きをしたかがわかります。

例えば、3カ月チャートでは、一見、値上がりが頭打ちになっているように思われても、期間を1年、2年、5年に広げて見てみると、その銘柄のポテンシャルは、まだまだ低い位置にあることなどがわかってきます。

実際、日本のマーケットの７割を占める外国人投資家も、チャートで高いか安いかを判別しています。今はＡＩがチャートを分析し、財務や業績などのファンダメンタルと照らし合わせて売買を繰り返しているのです。

このように、**過去のデータを蓄積したチャートを読み解くことが、銘柄選びには最も有効な手段**です。

チャートのどこをどう見れば先が見えるのか

では、どんなチャートを描いている銘柄を選べばいいのか？

私なりの答えのひとつが「うねりチャート」です。

株価というのは、繰り返し述べてきたように、上に行ったり下に行ったりを繰り返して、たえずジグザグの動きをしています。

多くは、約3カ月が一区切りになり、

「上昇トレンド」（右肩上がり）

「ボックス相場」（ある一定の小さなうねりでの上下）

「下降トレンド」（右肩下がり）

を繰り返しています。これらが積み重なり、6カ月〜1年の間に山と谷が形成されます。

さらにこのうねりが何度も繰り返され、5年から7年ほどかけて、大底から頂上、あるいは頂上から大底までの大きな**「うねりの循環」**が形成されます。

3カ月チャートからは「うねり」の流れしかわかりません。

しかし、**俯瞰（ふかん）して5年、10年のチャートを見てみると、より大きな「上**

◆「うねりチャート」から買う銘柄を見つける！

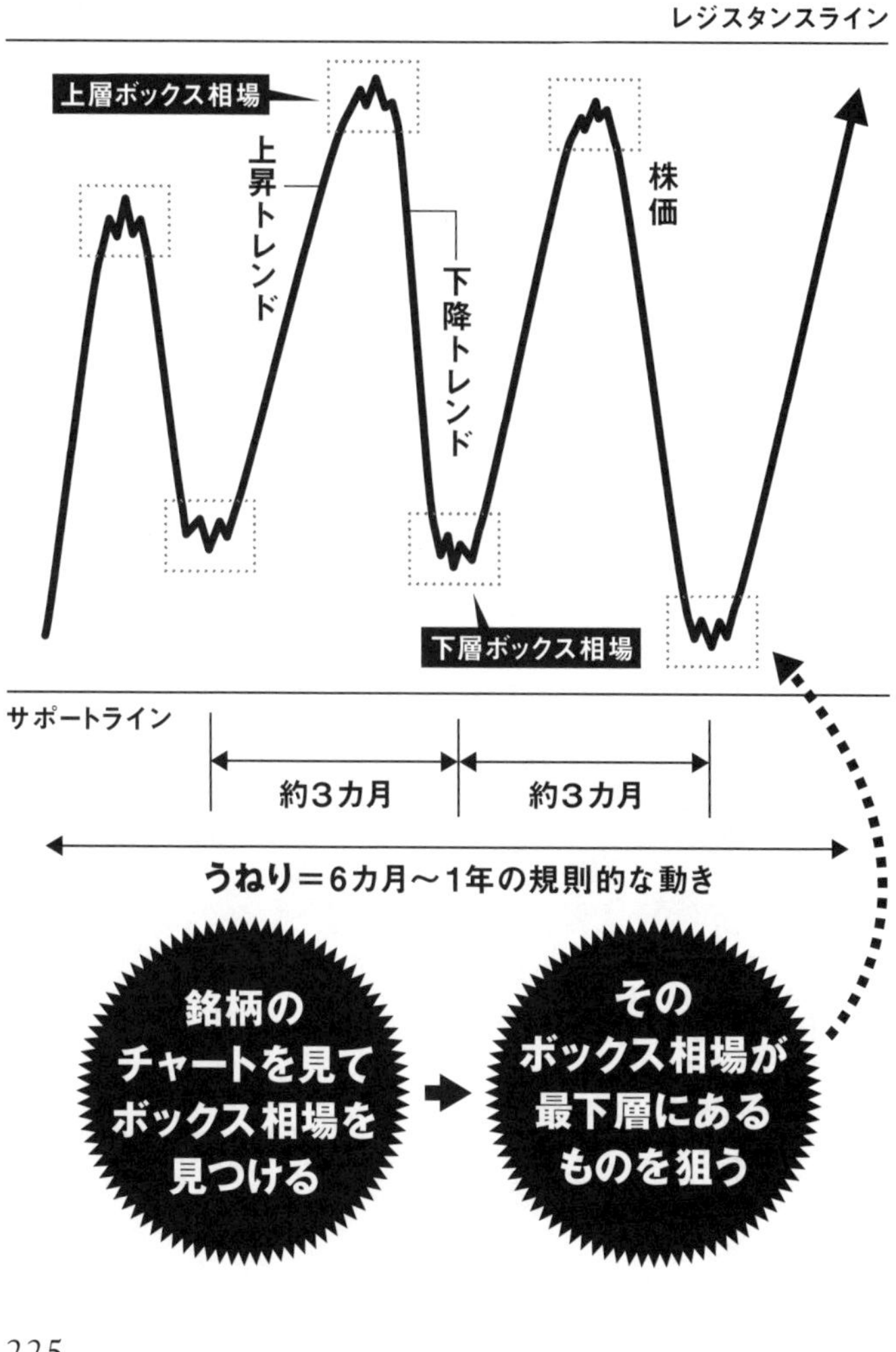

レジスタンスライン
上層ボックス相場
上昇トレンド
株価
下降トレンド
下層ボックス相場
サポートライン
約３カ月
約３カ月
うねり＝6カ月〜1年の規則的な動き

銘柄のチャートを見てボックス相場を見つける
→
そのボックス相場が最下層にあるものを狙う

昇トレンド」や「下降トレンド」がどこまで続くか、大まかな予測と戦略を立てることができます。

例えば、チャートをマクロな視点で見たとき、株価の頂上を示すラインを**「レジスタンスライン」**大底を示すラインを**「サポートライン」**と呼びます。

この2つのラインの間を行ったり来たり、ジグザグを繰り返しているのが「うねりチャート」です。

うねりチャートを示す銘柄は、過去のデータから未来の動きを「期待値」としてある程度予測しやすく、初心者が銘柄を選ぶ上での候補になるでしょう。

実際、私は稼いだ5億円のうち7割は、うねりチャートを示す銘柄から導き出し、財務やニュースなどのファンダメンタルズ分析と照らし合わせることで利益を獲得してきました。

慣れてきたら簡単にできるやり方です。

まずは、**うねりチャートを描く銘柄を「絞り込む（ロックオン）」**ようにしてください。

■「うねりチャート底値買い」で高い利益率を

うねりチャートを示す銘柄を絞り込めたら、**現在が「上昇トレンド」「ボックス相場」「下降トレンド」のどの段階にあるのかを確認します。**

その際、3カ月チャートだけでなく、1年、2年、5年、10年と虫の目（ミクロ）から鳥の目（マクロ）まで確認して、同じトレンドでも下層にあるのか、上層にあるのかを見極めます。

現状が、**最下層の大底を示すサポートラインに近い「下層ボックス相場」**であるならば、購入を視野に入れます。

ボックス相場内でも、小さな「うねり」は繰り返されます。できるだけ大底のサポートラインに近づいたタイミングで買いたいところですが、時期を逸すると、すでに上昇トレンドに入っている可能性があります。

「下層ボックス相場」にあれば、仮にそれ以上に下がっても下降率は低く、上昇トレンドに入っていけば高い利益率が期待できます。

「分割売買」で失敗のリスクを下げる

さらにここで、もうひとつ有効な手法があります。

ここぞというチャンスで資金を一括投入して、一度に買うことはせず、**買いのタイミングを分散する「分割売買」**です。

例えば、あなたが90万円の資金を持っているとします。そして、先ほどのチャートを見て、「うねりの底にありそうだ」と考えたとします。ここで欲望に突き動かされた投資家は、「一発当てるぞ！」と、手持ちの90万円全額を一度につぎ込んで買ってしまいます。

これではいけません。

仮に大底だった場合はラッキーですが、外れてしまった場合、対処のしようがないからです。結果、そのまま下落してしまった場合は、塩漬けするか、ロスカット（損切り）するしかありません。

では、どうするのがいいのか。最初は資金の３分の１の30万円を投資します。予想どおりここから株価が上昇したら、リスクを最小にコントロールしながら、30万円分の利益が得られるので成功です。

もし、予想が外れて株価が下がったら、下がったタイミングで次の30万円を投資します。さらに下がれば、残りの30万円を投資します。

このように、**予想が外れて下がった場合でも、資金を分割して買えば、上昇したときに有利に働きます。**

「期待値」とは勝率だと考えてください。**相場では、勝つことよりも負けないことを優先**します。ギャンブルのように1回で成功させなくてもいいのだと思えば、心理的な負担も減ります。

また、**下がったタイミングで分割買いをすると、保有株の平均の買い値がそれだけ低くなります。**つまり、上昇トレンドに入ったときに、有利な買い玉

◆分割売買で負けない投資をする

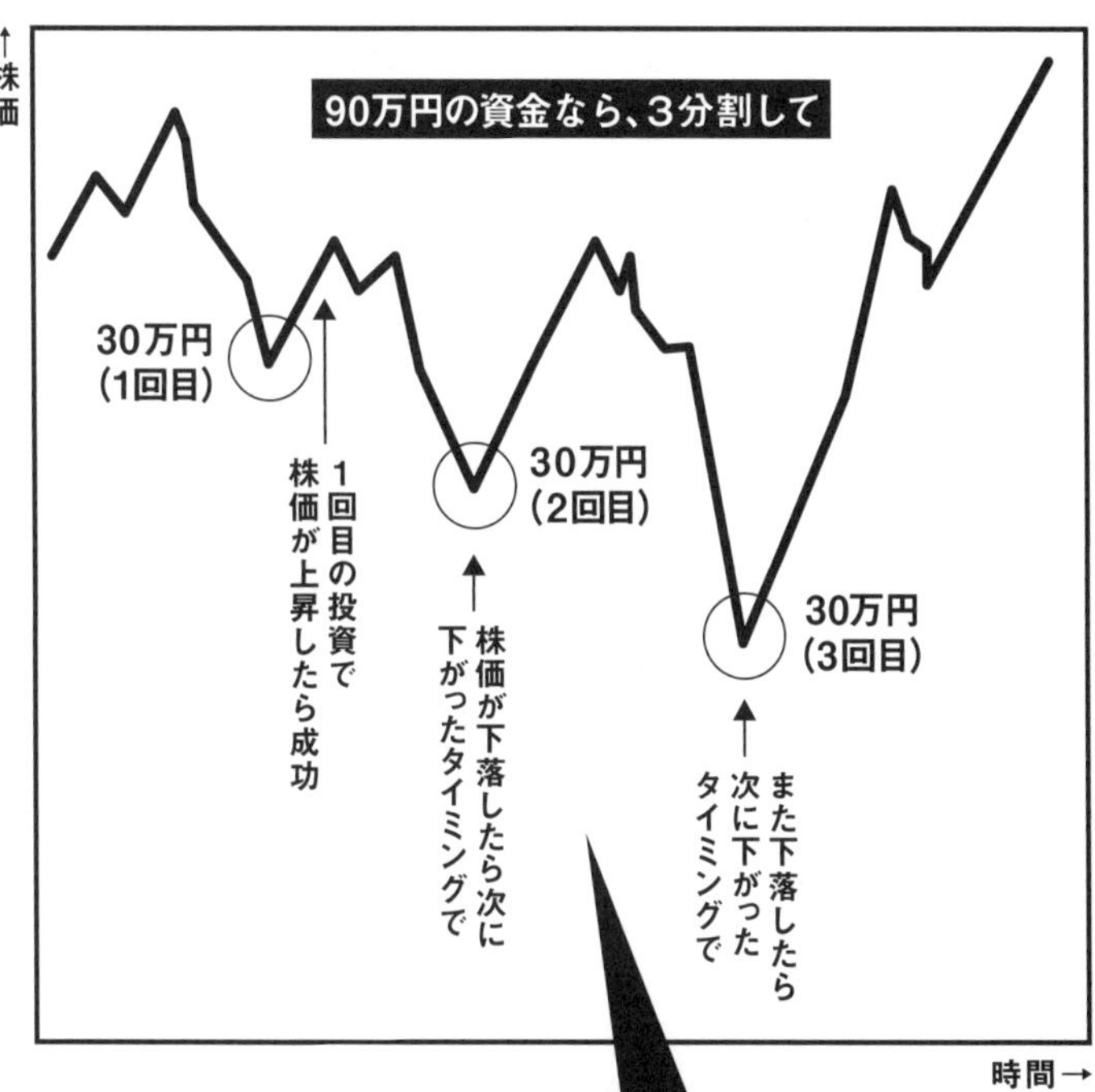

1回目に買った株価が下落したら、買い値が低くなっているので、2回目では同じ30万円でも多く買える。つまり、上昇したときに有利に働く。

の運用ができるようになるのです。

最初に90万円を投資した人に比べて、同じ90万円でも分割して買った人のほうが、平均すると買い値は低くなるわけです。

株で**大事なのは、多くの投資家と反対の行動をとること**です。

新聞やニュースの情報を見て「上昇トレンドだ！」と、すでに上がって高いところにある銘柄に飛びつくのは愚の骨頂です。

しかし、そうはわかっていても、なかなか思うように自分を律することはできないのが現実です。まわりの情報にどうしても振り回されてしまうのです。

そんなとき、今紹介した、

- **9つの投資ルール**
- **うねりチャート底値買い**
- **分割売買**

を徹底していると、市場に参加する投資家と、真逆の心理状態になれます。

ほかの投資家が「上がれ！　上がれ！」と願うなかで、分割して資金を温存しているあなたは、「まだまだ下がって構わない」と考えられるからです。

このくらいの余裕を持てるようになったら、「勝てる投資家」になれるのも時間の問題でしょう。

ここまで私が紹介した手法は、株式投資における「基礎の基礎」です。もっと知識を深めたい人は、私の公式YouTubeチャンネル「億万長者になると決めた日」をご覧ください。「上岡正明」とGoogleかYouTubeで検索すれば見つかります。

私が株で成功しながら仕事を続けている理由

私は「9つの投資ルール」「うねりチャート底値買い」「分割売買」の3つを軸に、

5億円の資産を形成することに成功しました。現在、配当金だけでも年間約400万円になり、30代に今はやりのFIREを達成した「経済的自由人」です。

「なのに、なぜ上岡さんは、激務である経営者を続けながら、YouTubeをやったり、ビジネス書を書いたり、学会で脳科学を研究したりしているのですか?」とよく聞かれます。

その理由はシンプルです。経営者も、YouTuberも、ビジネス作家も、脳科学研究者も、すべてが私のやりたいこと、好きなことだからです。

投資で得たお金で、私は日々豪遊したいわけではありません。銀座や六本木の会員制クラブに通うことに、なんの魅力も感じません。旅行だって年に1回で十分でしょう。

ビジネス作家として初めて10万部を超えるベストセラーが出たとき、私は自分へのご褒美として、一人で世界有数のリゾート地モルディブに旅行に行きました。10日間の日程で、ひたすら熱帯魚と泳いだり、ビーチサイドで本を読んだり、米国映画のワンシーンのような、本当に何もしない非日常を過ごしました。

しかし数日で、その生活に飽きてしまったのです。早く日本に帰って、次の目標に取り組みたいと真剣に思い始めました。何もない日常は、何の変化も刺激もないということです。

お金は人生の目的ではありません。お金というツールを使って、どんな人生を築きたいかが大切なのです。

私は**経済的な安定を得たことで、お金の心配をせずに、さまざまなことにチャレンジできています。**

・経営者として、新しい事業を始めるチャレンジ
・素人同然から始めたYouTubeに熱中するチャレンジ
・小さな頃からの夢だった、作家になるというチャレンジ

そして今は、脳科学による幼児教育と金融リテラシーを掛け合わせた「ネットで学べる子ども向けお金の学校」を作るため、日夜、ベンチャーキャピタルや出資者集めに奔走しています。もちろん、すべてを同時にこなしながら。

さまざまなことに挑戦しては、失敗を繰り返してきました。失敗するたびに「失敗貯金」が増えて、自分が理想とする人生に向けて着実に歩みを進めてきました。

今もこうして理想の自分を目指して挑戦できているのは、「何度でも失敗していい」「お金が守ってくれている」「ダメだったら、またゼロから稼げる」という安心感があるからです。

あなたの夢や理想を実現するために「個別株」の投資が必要なら、ぜひ今日からがんばって勉強を始めましょう！

そして、高速で失敗して「失敗貯金」を貯めていきましょう！
その先に、必ずあなたの成功が待っています。

第5章

お金を守るための ムダを省く節約思考

お金が増えても浪費すると お金持ちになれない

実は、この章が一番大切です。

収入を増やすことだけが、「お金を増やす」ための唯一の方法ではありません。

一番大切なのは「浪費する人はお金持ちになれない」という話です。

たとえ収入が少なくても、支出がそれ以上に少なければ、お金は増えていきます。

逆にどんなに年収が高くても、浪費癖が抜けない人は、いっこうに投資に回せる資産が増えません。

毎月の支出（生活費）よりも、投資による金融所得が多くなることが「経済的自由人」になる条件だとすれば、支出額を抑えることは、お金持ちになるためのハードルを下げてくれることになります。

つまり「節約」です。節約は経済的自由人になるためにはとても大切です。

ただ節約と聞くと、「こまめに部屋の電気を消す」とか「お風呂の残り湯で洗濯をする」といった、生活の知恵的なことを思い浮かべがちです。

否定するつもりはありませんが、そういったことは、節約そのものが趣味で、苦痛でない人だけがやってください。「2枚重ねのティッシュを1枚にして使う」「エアコンの温度設定を高めにする」などを実践したとして、年間でどれほどの支出減が見込めるでしょうか。もちろん地球温暖化を危惧しての行為ならば、止めることはしません。

私がここでお伝えしたいのは、**あなたの人生を左右するムダな消費の節約**です。それは、

大きな「固定費」を節約する
「ムダな時間」を節約する

この2つです。

「固定費」は金額が大きいため、放置しておくとまとまった出費になってしまいます。面倒でも改善するようにしましょう。その上でどうやってムダな時間を減らして、「自己投資」に費やす時間を確保できるのか、この機会に検証してみてください。

生命保険・医療保険などの「固定費」を見直す

固定費の節約で、まずターゲットにすべきは、民間の保険です。

生命保険文化センターの「平成30年度　生命保険に関する全国実態調査」によると、生命保険料だけで、1世帯あたり年間38万2０００円も払っています。

私はこうした**固定費を考えるときは、経者者のやり方で考える**ようにしています。

月払いであれば年払いでまず計算し、それを10年、20年と累積で積み上げたらいくらになるか、と考えます。すると、この保険額であれば20年で約760万円、30年で1200万円にも及ぶわけです。ほかにも入っている保険があったら、一生のうち数千万円のお金を保険のために使っていることになります。

せっかく「つみたてＮＩＳＡ」や投資信託でコツコツ積み立てして貯めても、そのすべてを保険会社に払ってしまっては意味がない。こんなにバカバカしい話はありません。

まず、あなたに**扶養家族がいないのならば、今すぐ死亡保険を解約しましょう。**入っている意味がわかりません。もし両親など親族のために入っているのならば、死亡保険に払っていたお金で、今すぐ生前の親孝行をしてあげたほうが、親もずっとうれしいはずです。

私はまともな親孝行をする前に、両親とも病気で亡くしました。体調を気にしていたからとはいえ、今思えばもっと旅行に連れて行ったり、好きだったカラオケに一緒に行けばよかったと後悔しています。

この本を読んでいる若い方には、私のような後悔をしてほしくないのです。

扶養家族がいる場合も、死亡保険は必ずしも入る必要はありません。

次頁の表を見ると、40歳の男女とも死亡率は１％を切っています。この確率をどう考えるかです。

実は、公的医療保険制度（国が保証する健康保険制度）でも、十分な補償が約束されていることがずいぶんとあります。例えばサラリーマンの場合だと、健康保険で3割負担でいいというケースのほかに、２４７頁のような救済制度がかなりあります。

◆40歳の死亡率はかなり低い

年齢	男性			女性		
	死亡率	死亡者数	平均余命	死亡率	死亡者数	平均余命
0	0.184	1.84	81.64	0.172	1.72	87.74
5	0.006	0.06	76.83	0.007	0.07	82.93
10	0.006	0.06	71.85	0.005	0.05	77.96
15	0.018	0.18	66.89	0.011	0.11	72.98
20	0.043	0.43	61.97	0.022	0.21	68.04
25	0.049	0.49	57.12	0.025	0.25	63.12
30	0.052	0.52	52.25	0.028	0.27	58.2
35	0.071	0.7	47.4	0.039	0.39	53.28
40	**0.093**	0.92	42.57	**0.058**	0.58	48.4
45	0.149	1.46	37.8	0.091	0.9	43.55
50	0.245	2.37	33.12	0.145	1.43	38.78
55	0.394	3.76	28.58	0.205	2	34.09
60	0.623	5.81	24.21	0.281	2.7	29.46
65	1.011	9.07	[illegible]	0.422	3.99	24.91
70	1.676	[illegible]	[illegible]	[illegible]	6.26	20.49
75	2.642	20.11	12.63	1.122	[illegible]	16.25
80	4.344	28.05	[illegible]	[illegible]	17.39	12.28
85	7.856	38.09	[illegible]	[illegible]	30.53	8.76
90	14.104	40	4.59	8.88	46.6	5.92
95	22.321	24.83	3.1	16.607	47.08	3.82
100	34.884	8.01	2.01	29.177	24.93	2.37
100～	100	1.56	1.26	100	9.21	1.45

40歳で
死亡保険に
入る必要が
あるか？

※生命保険文化センター資料より

今、あなたにある程度まとまった貯金があって、これから投資を始めていくなら、仮に数年後あなたが亡くなったとしても、家族が路頭に迷うことはないでしょう。もちろん、一家の大黒柱を失うというのは、たとえわずか1％の確率であったとしても大変なことです。家計を支えるために、夫の死亡保険にだけは入っておくという選択もあります。この点については、それぞれのご家庭の「自己判断」になります。

逆に一番ダメなのは、**一切の疑問を持たずに、保険の営業マンに言われるがまま加入してしまうこと。**

一昔前と違って、今は各種保険の比較検証も容易にできます。ネット加入で、さまざまな特典が付くこともあります。いろいろ調べて検討してみて、結果として今の保険が必要だと、あなたやご家族が考えたなら、節約や資産運用に向けて金融リテラシーがレベルアップしたということにもなります。

◆国の医療保険制度はかなり充実している

名　称	どんな時にもらえる?	いくらもらえる?
療養費	自費(立て替え払)で診療を受けた場合	自己負担(1〜3割)を超える金額
入院時食事療養費	入院した時	病院の食事代のうち1食460円を超える金額
入院時生活療養費	65歳以上で療養病床に入院した時	居住費として1日370円を超える金額および食費として1食460円を超える金額
保険外併用療養費	保険診療との併用が認められる療養を受けた場合	保険診療と同様に扱われる部分のうち自己負担分を超える金額
移送費	移動が困難な人が医師の指示で移送された時	移送にかかった実費
訪問看護療養費	在宅療養の難病患者などが、訪問看護ステーションから訪問看護を受けた時	自己負担(1〜3割)を超える金額
高額療養費	医療費の自己負担額が高額となった時	自己負担限度額を超える金額
高額介護合算療養費	同一世帯での医療保険と介護保険の合計自己負担額が高額となった時	基準額を超える金額
傷病手当金	病気やケガで連続3日以上会社を休んだ時	4日目以降1日につき、直近12カ月の標準報酬月額平均額の1/30の2/3(最大1年半)
出産育児一時金	出産した時	1児につき42万円
出産手当金 ※ 国保加入者はなし	出産で仕事を休んだ時	1日につき、直近12カ月の標準報酬月額平均額の1/30の2/3(出産の日(実際の出産が予定日後の時は出産の予定日)以前42日目(多胎妊娠の場合は98日目)から、出産の日の翌日以後56日目までの範囲内)
埋葬料(費)葬祭費	死亡した時	加入する医療保険・自治体による

※オリックス生命保険HPより

これでも民間保険に入る必要があるか?

一方、**あらゆる人が解約を一度は検討すべきなのが、高額な「がん保険」を含めた医療保険です。**

仮にがんになったとしても、およそ6割の人は50万〜１００万円の治療費で済みます。

それ以前に、日本には「国民皆保険」制度があります。毎月、高い保険料を強制的に払わされています。

会社員の「健康保険」、自営業やフリーランスの「国民健康保険」、高齢者の「後期高齢者医療制度」には、いずれも**「高額療養費制度」**という頼もしい制度があります。

もし病気やケガで、手術代や入院代に１カ月１００万円以上もかかったとしましょう。このとき、年齢や収入によって異なりますが、例えば70歳未満で年収５００万円以下の人なら、１カ月に同一医療機関で約８万７０００円が自己負担の限度額です。

つまり、91万3000円は保険が賄ってくれるわけです。

せっかくこんなにすごい「高額療養費制度」があるのですから、民間の高額な医療保険をせっせと払う必要はないのです。もし、こうしたことを知らずに、将来の不安のためだけに医療保険に加入しているのであれば、今すぐ解約をひとつの選択肢として検討してみましょう。

通信費・電気代などの「固定費」を見直す

次に見直したい固定費は、通信費です。とくに要注意はスマホ代。いまだに月に1万円以上支払っている人がいます。

もちろん、お金に余裕があるのならば別ですが、格安SIMに乗り換えれば、毎月2000〜3000円程度です。少し前は通信速度に問題を抱えていた格安SIMですが、現在は大手キャリアの傘下にあり、遜色（そんしょく）なく使えます。
だとすると、大手キャリアから乗り換えない理由はありません。

携帯電話の手続きは煩雑で面倒くさいのは承知していますが、集中して行えばあっという間に終わります。やるかやらないかで毎月5000円、年間にして6万円の支出が減るのですから、**投資を始める前に、まずは格安SIMに乗り換える**のが賢明です。

さらに2021年現在、大手キャリアも格安SIM並みに安いプランを始めました。内容を比較してそちらにプランを変更するのもありです。

いずれにしろ、重い腰を上げて手続きをしなければ、スマホ代は勝手には下がりません。今こそ、格安SIMか格安プランに変更しましょう！

あわせて**自宅のネット回線**についても安くする方法がないか、この機会にぜひ検討してみてください。

一昔前のネット回線をそのまま引き継いで使用していませんか？　もしそうなら、検討する価値ありです。

今は格安のWi-Fiで、お得なプランが山ほどあります。何年も同じネット回線を使っている人は、見直せば必ず安くなります。

さらに気力があれば、**電力会社を乗り換える**節約法もあります。

２０１６年4月から電力会社を自由に選べるようになりました。ネット上で簡単に比較や変更ができます。住所を打ち込むだけで、電力会社ごとの料金を比べられるサイトもたくさんあります。

最安値の会社を見つけて、変更の手続きをすれば、月に１０００円程度安くなることがあります。同じ電気を使っているのに、わざわざ高いお金を払うなんてバカバカしいですよね。

このように、保険や通信費、電気料金だけで月に2万円は支出を抑えられます。その他の毎日のムダ使いと合わせて見直すだけで、毎月の積み立て分の投資資金がゲットできるわけです。さあ、次の週末にでも、高速で固定費を見直しましょう！

■現金を持ち歩くのは愚かなことなのか

お金に関する本で再三指摘されているのが「ＡＴＭには行くな」という提言です。いまだに現金を使って、キャッシュレスの恩恵を活用していないのはよくないという意味です。

たしかに、今は猫も杓子（しゃくし）もキャッシュレスのポイント還元。現金至上主義者は知らず知らずのうちに損をしていると言えます。

だから、さらなる節約思考の方は、**これまで現金払いにしていた支払いを、**

少しずつ「○○ペイ」やポイント還元率の高いクレジットカードに移行していくべきです。

日常の支払いもそうですが、今は光熱費、保険料、年金、一部の税金の支払いもクレジットカードでできます。定期的な支払いをクレジットカードにまとめて、積み立てのようにポイントをゲットしていけば、生活費の足しになるでしょう。

私も給料日になると、ATMに並んでいる人たちを見て「時間を浪費しているなあ」と思うことがあります。

ただ、一概にすべてをキャッシュレスにしているかというと、私の場合は違います。理由は単純で、日本では今も現金払いしかできないお店がたくさんあるからです。

街の中華料理屋、老舗（しにせ）の和菓子屋、頑固親父のやっている焼き鳥屋など、私のまわりには現金しか扱わないお店がたくさんあります。

そういったお店は、見方によっては時代から取り残されているのかもしれません。

しかし、なじみの常連客を大切にする彼らには、そんなことは関係ありません。人情味豊かな店員さんたちと、気取らない会話を楽しむこともできます。

「現金など持つな！」「カードのポイントを使わないのは非効率だ！」と声高に叫ぶ人たちは、おそらく世の中の狭い部分しか見ていないのでしょう。日本には**現金でなければ味わえないサービスが、まだまだたくさん残っている**のです。

ただし、ATMから現金をちょこちょこ引き出すのは時間のムダであり、浪費です。基本はキャッシュレス決済としながら、毎月どのくらいの現金が必要かを試算して、引き出すのは月に1回か2回程度にしましょう。財布からなくなってしまっている場合は、何かしらの浪費癖があるということですから、すぐに見直しましょう。

ちなみに、マメのように見えて、私はかなりずぼらなB型です。読者のみなさんのなかには、私のように「上岡さんってB型だよね？」とすぐに見抜かれるような、大雑把な人もいるでしょう。だから、ほかのお金の本にあるように、「アプリの家計簿ツールを使って、毎日の支出と出費をつけましょう」などとは言いません。

ダイエットのためにアプリを使って記録することすら、続かない私です。そんなことはできないし、続くはずがありません。

節約の基本は、

①楽しく続けること

②節約したお金の使い道が明確であること

③投資でお金に余裕ができたらどんな人生を手にしたいか、今からワクワクしていること

この3つです。この本の読者であれば、もう大丈夫ですね。

■マイホームは売れない上に維持費は続く

マイホームを購入すべきか、賃貸に住み続けるべきか、お悩みの方もいるでしょう。あなたの今の経済状況や今後の人生プラン、家族構成、住んでいる地域などによって、一概にどちらがいいとは言い切れないのですが、こと「経済的自由人を目指す」という視点に立つと、わずかに「賃貸」に軍配が上がると思います。

まず前提として、マイホームを買って得するか損するかは、売却時に高く売れるか否か（リセールバリュー）にかかっています。

２０００万円で買った家が、20年後に１８００万円で売れたら、20年間の住居費はたった２００万円ということになります。

つまり、数十年後にもリセールバリューが高い住居を購入できれば、これは最高の投資といえます。一般的に、都心や駅近などの人気エリア、人口が増えている地域の土地や建物はリセールバリューも高いと考えられます。

しかし、正直な話、そういったマイホームを見つけるのは、今の日本では不可能に近いのです。

日本では、建物そのものの資産価値は20〜25年でほぼゼロになります。したがって、リセールバリューが高い住居とは「土地の値段が高い場所（一等地）に建っている住居」となります。

一等地で新築マイホームを購入するのは至難（しなん）の業（わざ）で、多額の資金が必要になります。そもそも地主側も、資産価値が高い土地を手放そうとはしないでしょう。

つまり、一等地で新築マイホームを手頃な値段で買うのは、不動産業を営み、地主や競売物件に精通している人でなければ、ほとんど不可能に近いのです。

必然的に、一般の人が購入するマイホームは、時がたつにつれて資産価値がどんどん失われていきます。

不動産屋は家を売るために、「家賃を払うくらいならマイホームを買うほうが得です」と宣伝します。「同じ地域の、同じ間取りの家に住むのに賃貸なら10万円、マイホームなら資産価値がある上、ローン返済でも8万円」などと言われると、マイホームのほうがお得に感じるかもしれません。

しかし、**月々8万円のローンで買ったマイホームは、20〜25年後に資産価値がかぎりなくゼロに近づいたあとも、修繕費や固定資産税がかかり、マンションならさらに管理費や駐車場代なども加わって、結局毎月数万円を支払わなければなりません。**

年々価値が下がってゼロになるかもしれないのに、支払い額がゼロにならないのは、毎年損し続けているということを意味しています。

もちろん、マイホームをゲットすることで、一国一城の主（あるじ）になれた「達成感」や老後の住まいにも困らないという「安心感」を手にできるのはいいことです。

しかし、同時に明日のことなど誰にもわからないという前提に立つと、

「収入が減ってローンが払えなくなったら？」
「ボーナスや残業代が減っているけど大丈夫？」
「離婚して独り身になってもここに住むの？」
「維持費やリフォームにお金がかかるけど老後は大丈夫？」

など、さまざまなリスクが想定されます。

賃貸は付帯費用がなくいつでも引っ越せる

このような理由から、私はお金に余裕はありますが、いまだに賃貸マンションに住んでいます。老後は、都心ではなく伊豆や小田原、北海道などの風光明媚で自然があふれる海の近くに住もうと計画しています。いずれも新幹線で1時間圏内、北海道でも飛行機で2時間以内の距離です。

中古の戸建てやマンションを、自分の好きなようにリノベーションしようと考えています。そのエリアであれば、20年後ともなれば中古の不動産価格はさらに下がつて、タイミングによっては今の半値以下で買える可能性もあります。

東京都心のリノベーションマンションも、選択肢のひとつです。リーマンショックのような大不況時に探せば、驚くような価格の不動産物件が出回るものです。

こうしたお宝物件は、出回る時期は限られますが、株と同じで景気が持ち直すとともに価格も上がりやすくなります。不動産価格の上がり下がりは、政府が年に数回発表する「路線価」で、私たちのような一般人でも情報をつかめます。

このような物件を手にすれば、再び日本が好景気になったときに、大きな売却益を得られるかもしれません。

さらに、これ以上日本の税率が上がるようなことがあれば、シンガポールやマレーシアなど海外に移り住むこともできます。すでに私の何人かの友人が、海外に移住を始めています。彼らは週末だけ海外で過ごし、仕事のときだけ出張するかのように日本のホテルに滞在。生活の利便性は、ほとんど変わっていません。

このように、**賃貸の持つ最大のメリットは、あなたの夢や収入によって、今後の住まいの選択を自由に決められること**なのです。

また、「経済的自由人を目指す」という視点だけに立つと、ほとんどの場合、**マイホーム購入は「お金を増やす」ものではなく、わざわざ銀行からお金を借りて「お金を減らす」行為です。**そして、5000万円で買ったマンションが、3年後には3500万円にしかならなかった、という例はざらにあります。

日本で不動産を買うと、いくつもの税金がかかり、その上仲介してくれた不動産屋への支払いなど諸費用もあるため、住居の購入額とは別に、相当なお金が必要です。

ただ、マイホームでなければ得られない充実感や、清潔なキッチンや広い庭など、ご家族のかけがえのない幸せが手に入るのも、また事実です。

生まれた場所や、どこで働いているかでも、選択肢は変わってくるでしょう。

マイホームをご購入の際は、こうしたメリット、デメリットを精査した上で、減税などの国の施策を上手に活用して検討してください。間違っても、不動産営業マンの口車には乗せられないようにしましょう。

「お金で時間を買う」という発想を持つ

時間はお金です。

あなたがもし年収400万円、年間労働時間が2000時間だとすると、時給は2000円。あなたの1時間は2000円の価値があることになります。

年収が600万円なら、1時間の価値は3000円。

800万円なら4000円。

1000万円なら5000円にも相当します。

つまり、年収400万円のあなたが、ムダな1時間を過ごすことは、社会に2000円の損失を生み出しているということ。このように**時間を無為に浪費することは、お金を失っていることに等しい**のです。

ムダに過ごした1時間を「自己投資」や「キャリアアップ」のために当てれば、いずれあなたの1時間は5000円の価値にアップするかもしれません。

その1時間を「お金の投資」に当てれば、将来、複利の効果によってあなたの1時間は5万円の価値になるかもしれません。

こうして、**「時間をムダにしない」という発想を持つことは、お金を増やすためには欠かせない視点**です。

「投資する時間がない、勉強する時間がない、仕事が忙しすぎてやる気が出ない、だからお金を増やせない」と言い訳ばかりしていても、時間は勝手に増えてはくれません。

私は身近で大切な人にほど厳しいので、相手がそんなことを口にした時点で、「時間を増やす工夫をする前から言い訳ばかりしていては、あなたは永遠にお金を増やすことはできないよ」と厳しく叱って、突き放します。

「お金を増やす」ためにやるべきことは、もう決まっています。答えは出ているのです。ゴールは見えているのです。あとはそのゴールに向かって、ひたすら時間を投資して、自己成長していくだけ。

もしそのようなモチベーションになれないのなら、あなたははじめから本気で「お金を増やしたい」とは思っていないのでしょう。お金を増やすことが、人生の優先事項ではないのでしょう。

「時間もやる気も、行動するからこそ、あとから生まれてくる」というのは、最先端の脳科学でも証明されています。

優先事項が定まれば、おのずとやる気も出てくるものです。あなたの優先事項が「お金を増やす」ことなら、「時間を作る」ことは容易です。

具体的な話をしましょう。

例えば毎日の通勤時間、ここであなたはムダな時間を過ごしていませんか。

もし通勤に片道1時間かかるとすれば、年収600万円の人なら、往復2時間で毎日6000円の時間を浪費していることになります。月20日勤務で12万円、年換算で144万円の損失。逆に言うと、通勤時間を有効活用すれば、あなたは144万円分の価値を生み出せる可能性があるわけです。

仮にあなたの年収に適した住まいが見つかり、職場の近くに引っ越せるなら、少しくらい家賃が高くても、1年で元が取れることになります。

これが、**「時間を買う」という発想**です。

経済的に転居が難しいのであれば、通勤時間をどう有効活用するか、今すぐ真剣に考えましょう。通勤時間だけで外国語をマスターした人もいます。

そのほかに、移動にタクシーを使ったり、お掃除ロボットや食洗機などの時短家電

◆時間を買えるものはたくさんある

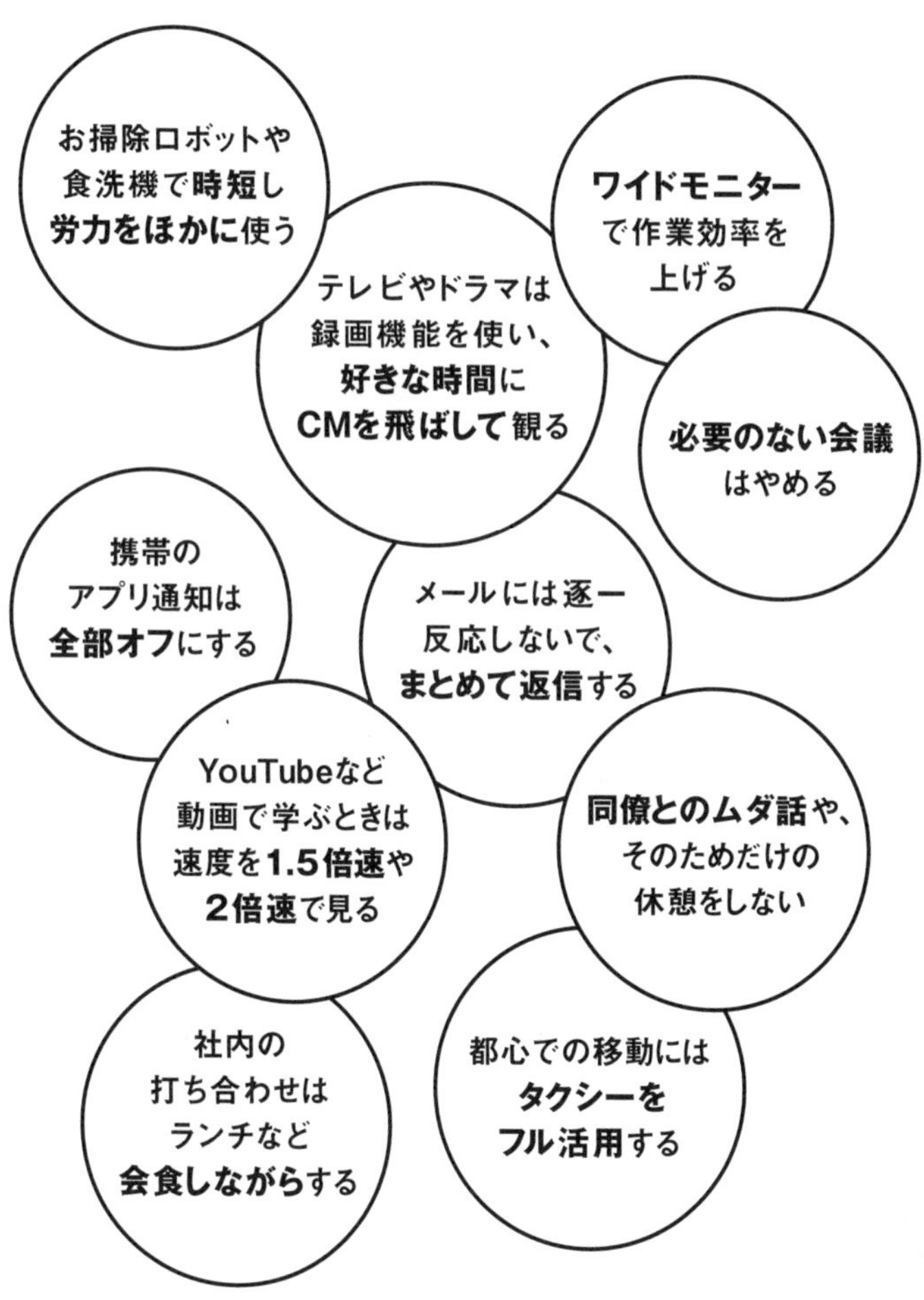

を導入したり、共働きであれば週末だけ家事代行を依頼したりと、今の時代、容易に「お金で時間を買う」ことができます。

買った時間でそれ以上の利益を生み出せれば、そこへの出費は必要経費になります。けっして浪費ではありません。

こんなふうに、時間だけでも「お金を増やす」という思考ができます。あなたの経済的価値もどんどん増えていくことでしょう。

■人生に目的があれば「節約思考」になれる

固定費を見直す「節約」も、時間を生み出す「節約」も、あらゆる投資と同じです。あなたが「人生の目的」にたどり着くための道具にすぎません。

節約することで支出が減り、投資に回せるお金が増える。それでもなお、

やる気が起きないのであれば、それはあなたが設定した「人生の目的」が、「心の底から」望んでいることではないからです。

この「心の底から」という部分が非常に大切です。

投資も節約も、成長のための勉強も、誰かに強制されてやるものではありません。あらゆる誘惑から、あなた自身が選択して実践するものです。

「みんながやっているから」

「お金が増えるに越したことはないから」

といった消極的選択の理由だと、やる気を継続させることは到底できません。

まずはあなたが「心の底から望んでいるのは何か」と自分自身に問いかけ、嘘ではない答えを導き出すことが大切です。

確固とした人生の目的が定まり、「お金を増やす」ことへのモチベーシ

ョンが高まると、「節約思考」は日常のあらゆる場面で発揮されます。

例えば、人間関係。あなたが普段付き合っている人は、あなたが人生の目的を実現するにあたって、どんな価値や利益をもたらしてくれるのか、冷静な目で判断してみましょう。あなたをサポートしてくれる人なのか。夢を邪魔してくる人なのか。

すると、相手の気持ちに遠慮したり、場の空気を読んだりすることなく、そうした人とは自然と距離をとれるようになります。**「人間関係の節約」**も、苦もなくできるようになるのです。

もちろん、人間同士の付き合いは、すべてをコストやパフォーマンスに還元することはできません。自分に利益をもたらさない人、時間を奪うばかりの人であっても、将来どうなるのかは誰にもわかりません。

そうしたときの判断基準は、その人が「尊敬できる人かどうか」です。

その人の他人への接し方を見て、判断してください。誰にでも平等に、前向きに、温かく接している人であれば、その人を尊敬できると思いますし、その人と付き合う価値は高いと思います。

「尊敬できる人」と日々接することは、あなたを成長させてくれる「自己投資」になります。

逆に尊敬できない人との付き合いは、あなたの時間を奪ってしまうかもしれません。あなたの人生の目的を邪魔するだけなので、さっさと「損切り」してもかまわないと私は思います。

オフィスワークでどうしても付き合わなければならない場合は、ストレスを感じない程度にと割り切って、必要最低限の付き合いにしてもいいでしょう。それだけで、あなたが不利益を被ることが少なくなります。

ずっしりと重いウエットスーツを着込んだままサーフィンをしていても波には乗れませんし、最悪、溺(おぼ)れてしまうかもしれません。あなたの人生の目的を阻害するものから、順々に身軽になったその先に、経済的自由が待っています。

第6章

お金が増える投資家マインド

「投資」は失敗を恐れず踏み出してみること

すでに「お金を増やす波」への乗り方はすべてお伝えしました。

これで、お金で悩むことは加速度的になくなっていくでしょう。理想の人生を歩むための海図を手に入れたようなもの。あとは、海図に記された波を目指して、高速で海の中へダイブしていくだけです。

ただし、アクションを起こせば、必ずなんらかの壁にぶつかります。

自己投資にしろ、お金の投資にしろ、最初からすべてがうまくいく人なんて、どこにもいません。

スキルアップのために勉強をしているのに給料が増えない。投資信託を買ってみたけれど予想を裏切られて利益が伸びない。「個別株」にチャレンジしたら損をしてしまったなど、想定外の壁に、誰しも必ずぶつかります。

このとき「失敗してしまった」と諦めるか。失敗から自分なりに学んで次のアクションを起こすか。まさに後者が、トータルで「お金を増やす」ためには欠かせないメンタルセットです。

失敗のあとにどうアクションするか。
その失敗を、どう自分の経験値に変えていくか。

この2つが大切です。

大成したスポーツ選手のほとんどが、失敗を機に、自分をひとまわりもふたまわりも成長させています。失敗をチャンスに変えているのです。同様に、**「投資」での**

あらゆる失敗は、賢くなるためのチャンスなのです。

失敗したときに他人のせいにしたり、政治や経済のせいにしたりせず、自分のいたらなさを自覚し、分析して、最善の答えはなんだったのかを考えていけば、あなたの「実践知」はどんどん増えていきます。ひいてはそれが、あらゆる投資の場面で、正しい判断を下すことにつながるのです。

取り返しのつかない大きな失敗をする前に、どんどん小さな失敗をして高速で自己成長していきましょう。失敗するたびに「失敗貯金が増えた」と喜ぶくらいのメンタルでいましょう。

そのためには、失敗を恐れず、「はじめの一歩」を踏み出すことです。

本書を読み終えたら、ひとつでもいいので、これまで紹介した「お金を増やす波」に乗るチャレンジを始めてください。

小さなチャレンジから始めて「失敗貯金」を増やす

新しいことを始めるとき、「知識を最大限に詰め込んでから始めよう」と考えて、なかなか実践に移れない人がいます。

株を始めるならと、日経新聞や会社四季報、経済学の本やマネー雑誌などを気が遠くなるほど熟読したり、難しい経済理論などの勉強を始めたりする人もいます。

勤勉なのはよいことです。ですが、いくら経済学の知識を増やしたところで、お金が増えていくわけではありません。もし経済学の専門家が株で勝てるならば、経済学者はみんな億万長者になっているはずです。しかし、現実はそうなっていません。

知識を増やすことは安心感をもたらしますが、実践では役立たないことが非常に多いのです。そして、**知識が増えれば増えるほど「成功しない理由」も増えて**

らです。

いきます。選択肢が増えすぎると、結果として行動力が失われていくことになるか

人生において何か新しいことを始めるとき、まずは小さくチャレンジすることを心がけましょう。投資なら、まずは数百円でもいいから「つみたてＮＩＳＡ」を始めるといった小さなアクションを起こすのです。すると、証券口座を開設する前にはわからなかった、さまざまなことが見えてきます。

ネット証券には、あなたの知らないいろいろな金融商品が売られています。投資に関する最新トピックやビギナー向けのガイダンスなども豊富に揃っています。口座開設前には思いもよらなかった疑問や興味が、自然に湧いてきます。

こうして、行動したから目の前の課題を解決するために勉強を重ねていくことこそが、「実践的な学び」なのです（実際、私も１００冊の本を、投資を実践しながら、

一冊、また一冊と読んでいました）。

知識不足のままアクションを起こすのには勇気がいります。

失敗したらどうしよう、という不安にも襲われます。

けれど、「小さくチャレンジする」ことを心がけていれば、仮に失敗したとしても、それは失敗ではなく必要な経験になります。「失敗貯金」が増えていくだけです。

小さなチャレンジをとりあえず始めてみて、壁にぶつかるたびに軌道修正していくこと。これが、お金を増やすためには必須のスキルになります。

投資で億万長者になったり、経済的自由人になったりするのは、一部の限られた人だけではありません。私自身、特別な才能は何も持ち合わせていません。それでも5億円の資産を形成できました。

私は生まれてすぐに母親を失い、親戚の家を転々とするなど不遇な少年時代を過ごしてきました。大学を卒業したあとは、作家になる夢を捨て切れず放送作家の見習いをしていましたが、経済状況は芳しくなく、一縷の望みを託して始めたのが投資です。見よう見まねで始めて、ときには大きな損失を被りながら、そのたびにやり方を改善し、現在の投資法にたどり着きました。

株式投資は、みんなに平等に与えられた、お金を増やすための、かぎりなくフェアな切符です。学歴、職歴、家柄、性別、年齢に関係なく、チャレンジする機会が平等に与えられているのです。

タネ銭の少なさをはねとばす「再現力」を身につけよう

「いくら特別な才能は必要ないといっても、自分には投資に回せる貯金が少ない。タネ銭がなければ億を稼ぐなんて無理でしょ」と考える人も多いかもしれません。

でも、そんなことはありません。私は50万円のタネ銭からスタートしています。

タネ銭が少ないことが投資をする上で不利だとは思えません。たしかにタネ銭が多いほうが、より大きいリターンを得られます。しかし同時に、損失したときのリスクも大きくなるからです。

例えば今、あなたの軍資金が50万円だとします。それを100万円にし、さらに2倍の200万円に増やすことは、それぞれに必要な手間や技術は変わりません。であるなら、5000万円を1億円にする手間や技術とも差がないといえます。

つまり、50万円を100万円にすることができる人には、億万長者になるチャンスがあるということです。

50万円を100万円に、100万円を200万円に、200万円を400万円に、

400万円を800万円に、800万円を1600万円に、1600万円を3200万円に、3200万円を6400万円に、6400万円を1億2800万円に……。

このように、タネ銭が50万円しかなかったとしても、あなたに資金を2倍に増やす力があるならば、同じことを8回繰り返せば億万長者になれます。

この**「再現力」こそが金融資産を増やすためには欠かせないスキル**です。

普通のサラリーマン投資家たちが、タネ銭が少ないのに億万長者になれたのは、「再現力」が高かったからにほかなりません。

これから経済的自由人を目指す人は、たとえタネ銭が少なくとも悲観せず、小さなチャレンジと失敗を積み重ねて、あなた自身の「再現力」を高めていきましょう。

株式投資とビジネスには共通ポイントがある

私の本業は会社の経営者です。そのためか、私の投資についての考え方は経営者目線だとよく言われます。たしかに、私は投資をひとつのビジネスとして捉えています。

実際、投資とビジネスは非常に似ている部分が多くあります。

両者の共通点をまとめてみましょう。

①順境よし、逆境またよし

パナソニックの創業者、松下幸之助の名言です。順境つまり好景気のとき、利益は伸びて当たり前。いずれ訪れる逆境すなわち不景気をも味方につけてこそ、企業が安定して長く成長できることを意味します。

投資も同じです。好景気のときに儲かったと浮かれている人は、不景気になったとき、必ず足をすくわれます。**誰もが勝って当たり前のときに、しっかりと経験値と資金を貯めておき、暴落が起きたときに適切な対処ができなければ**

なりません。投資信託ならば「慌てて売らない」といったことになります。

景気の波を日頃から念頭においておくことが、将来にわたって勝てる投資家になれるかどうかの分かれ道になるのです。

②ビジネスにも投資にも「必要経費」がある

利益とは、会社の売上から人件費やオフィス費、接待費などのさまざまな必要経費を差し引いた額です。一定の出費や損失は当たり前で、トータルで利益を積み上げていくのが会社経営です。

投資となると「1円でも損したくない」という気持ちになりがちですが、投資をビジネスだと捉えれば、ある程度の損失は、むしろ利益を残すための必要経費だと考えられます。**トータルで利益をどう残すかという視点を持つ**ようにしましょう。

③ロスカットは簡単にできない

優秀な経営者は簡単にロスカットをしません。社員を簡単にリストラしたり、いきなり大きな事業をスタートしてすぐに完全撤退などを繰り返していたら、その会社は立ち行かなくなります。

ロスカットを減らすために、スモールスタートやテストマーケティングなどをしながら、慎重にコトを進めていくのが鉄則です。

株も同様に、いきなり全額を投資すると、すべての資金を失う危険性があります。**分散投資や少額から投資を始めることは、ロスカットを回避するためのリスク管理**なのです。

④経営者は「待つ」ことも仕事

どんなに優秀な新入社員でも、1年目は会社にとっては利益を生み出さない「負債」です。しかし、すぐに結果を出せないからといって、1年を待たずに見切りをつけてしまうと、会社にとって「本当の損失」になってしまいます。

経営においては、その社員がいずれ大きな利益を生み出してくれることを期待して、社員の成長を「待つ」ことも必要です。

株でも、1年目に期待した利益を生まなかったからといって、すぐに売ってしまえばただの損失です。

期待してその株を買ったのなら、「待つ」ことも、ときには重要です。「つみたてNISA」の投資信託なら、20年以上待ち続けましょう。

ただの「お金持ち」に価値はない

お金は「手段」であり、「ツール」です。決して「目的」ではありません。

経営者をしていると、さまざまな人に出会います。なかには「お金持ち」であることを誇る人、偉いと思っている人がいます。彼らにとって「お金を持っていること＝自分の評価」なのでしょう。私に言わせると、「チャオ！　ご苦労さん」です。

お金を持っているだけで自分は偉いとアピールするしか能のない人に、誰が信頼をおくでしょうか。お金を持っていても、まわりに「お金目的の友人」とか「お金目的のパートナー」しかいない人が幸せだと、あなたは思いますか?

結局のところ、**「お金を持っている」ことには、それ自体なんの価値もないのです。**むしろ、お金を持っているのに「やりたいことがない人」「尊敬される点がない人」「憧れるような生き方を見つけていない人」は、とても不幸だと私は思います。

だからこそ、**「なんのためにお金を増やしたいのか?」という最初の問いが、投資家マインドを育むには絶対に必要なのです。**

お金を増やす目的が定まっていない人は、投資と真剣に向き合うことができません。

投資でお金を増やし、「自分は○○をするんだ!」というフレーズの「○○」が欠落している人には自己成長も望めないし、運よくお金が増えたとしても不幸になるだけです。

このことは肝に銘じておきましょう。

「お金から遠いところ」にお金を増やすヒントがある

ここまで読み進めてくださったあなたは、きっと頭のなかがお金一色に染まっていることでしょう。もう終盤だというのに水を差すようなことを言いますが、**頭の中が「お金！　お金！　お金！」になっている人にかぎって、お金が離れていく**という逆説があります。

毎月、給料日を待ちわびているような生活をしていると、常に「お金がない。お金が足りない」と、頭の中をお金に支配されてしまいます。

そういった人にかぎって、手っ取り早く稼げるという怪しい投資話に飛びついたり、一攫千金（いっかくせんきん）を狙ってギャンブルのような投機に手を出してしまったりします。

こんな状態の人は、決して「個別株」の投資には手を出さないでください。

魑魅魍魎（ちみもうりょう）がうごめく株式市場に参戦しても、いいカモにされるだけです。「つみたてＮＩＳＡ」を始めても時間がかかりすぎるとか、お金が足りなくなったなどと言って、途中でやめてしまうかもしれません。

「お金が増える」マインドは、お金を手放す余裕から生まれてくるものです。

米マイクロソフト共同創業者のビル・ゲイツは、２０００年、妻とともに慈善団体を設立しました。彼は、その団体を通して毎年４０００億円を超える寄付を行っています。その額は、実にユニセフが集める寄付金を上回ります。

ビル・ゲイツが築いた資産は、世界中の病気や貧困に苦しむ人々を救っているのです。

一方、彼のこうした活動は、企業イメージの高まりとなって戻ってきます。

つまり、彼が自分の財産を寄付として使うことは、慈善行為でありながら、投資としての側面も持っているともいえるでしょう。

私たちにビル・ゲイツのような真似はできませんが、日常レベルのことならできます。私がYouTubeで情報を全部無償で出し惜しみしないのも、それが「投資になる」からです。チャンネル登録者の方に有益な情報を提供することで、私の投資家やYouTuberとしての評価は高まり、最終的には大きなリターンとして戻ってきます。この本を書かせてもらっているのもそのひとつです。

お金や情報を出し惜しみするのは、そのときは得だったとしても、トータルではなんの利益も生み出しません。**目先の損得勘定ではなく、トータルで損益を考えられるようになるのが「投資家マインド」**です。

あなたは最近いつ、他人のためにお金を使ったでしょうか。

それが思い出せないなら、あなたはお金の呪縛（じゅばく）に支配されています。そんなマインドでは、お金は増えるどころか、どんどん離れていってしまうでしょう。

多くの日本人は「縮小均衡」で資産を管理しがちです。収入が増えないのを前提にして、節約して支出を減らし、収支のバランスをとる考え方です。

しかし、**「拡大均衡」こそ本当の投資家マインド**です。経済的自由人レベルのお金持ちは「拡大均衡」で物事を考えます。収支の両方をどんどん増やして、全体のバランスをとっているのです。

他人のためにお金を出し惜しみする人は、自分の市場価値をどんどん下げていることになります。あなたが困ったとき、誰も助けてくれないかもしれません。一方、他人のためにお金を使える人は、市場価値が上がり、あなたをサポートする人が次々と集まってくることでしょう。どちらを選ぶか、あなたの心に聞いてみてください。

おわりに——目的地へのルートを決められるのは「あなた」だけ

私のYouTubeチャンネルでは、毎日2、3本の動画を公開し、経済動向や最新の投資情報を公開しています。「出し惜しみしないこと」がコンセプトのひとつなので、20年間培ってきた投資技術、銘柄選定のコツなどを随時発信しています。

チャンネル開設から1年あまりで、すでに15万人もの方に登録していただき、多くの人が投資家としてデビューしていきました。ほとんどの方は、**「投資とは自己責任である」**ことを熟知し、私からの**情報を自分で咀嚼**しながら、利益を上げています。そんなうれしい報告が毎日のように届きます。

しかし、ごくまれに登場するのが、「お前のせいで損をした」といったコメントを寄せてくる人です。「いったいあなたは、私の番組で何を学んできたのか」と問い返したいところですが、あえてそうしたコメントは私の頭から一瞬で消去することにしています。

「私にも当然、間違うことがある」と言いたいのではありません。私の言葉を、自分で咀嚼しないまま、熟慮しないまま、調べもしないまま、私の言葉を完全に鵜呑みにして、大切なお金を損失するような人は、一生、お金を増やすことはできません。「お金を増やす」ためのステージにも上がっていません。

学生時代、居酒屋のアルバイトで数千円稼ぐのが、どんなに大変だったことか。怒鳴られながら必死に食器を洗い、クタクタになった体で閉店後の店内を掃除して、やっともらえた9000円。

お金を増やすことの大変さを身にしみて知っている人は、お金の価値がわかっています。だから、失敗してお金を失ったとしても、自分で納得し

て投資を始めたので、決して他人のせいにしません。

投資に使うお金は、あなたが一生懸命働いてようやく貯めた、大切なお金です。そのお金の使い道を決められるのは、あなただけ。

自分で考え、自分で調べ、自分で納得して行った投資は、仮に失敗だったとしても、必ず成長の糧（かて）になります。他者依存をやめ、自分が描く輝かしい未来を、自分の手で勝ち取っていきましょう。

「自己投資」も「お金の投資」も孤独な戦いです。

ときには、へこんでしまう日もあるでしょう。そんなときはぜひ、私のYouTubeチャンネルまで遊びにきてください。ほかの投資仲間と一緒に、ときに励まし合い、意見交換をしながら、切磋琢磨（せっさたくま）していきましょう。

読者のみなさんの人生がビッグウェーブに乗ることを、心から願っています。

最後までお読みいただき、ありがとうございました。人生を変えたい——そう願うみなさんの真摯（しんし）な気持ちに、私自身も人間的な成長と気づきを得られました。この出会いに感謝します。

ネバーギブアップ！

ともに前に進みましょう！

上岡正明

「お金の不安」から自由になるための
お金が増える強化書

発行日　2021年12月31日　第1刷
発行日　2022年 2 月 4 日　第2刷

著者　上岡正明

本書プロジェクトチーム
編集統括　柿内尚文
編集担当　小林英史
編集協力　藤原雅夫
デザイン　小口翔平＋畑中茜（tobufune）
校正　植嶋朝子
DTP　山本秀一＋山本深雪（G-clef）

営業統括　丸山敏生
営業推進　増尾友裕、綱脇愛、大原桂子、桐山敦子、矢部愛、高坂美智子、寺内未来子
販売促進　池田孝一郎、石井耕平、熊切絵理、菊山清佳、吉村寿美子、矢橋寛子、遠藤真知子、森田真紀、氏家和佳子
プロモーション　山田美恵、藤野茉友、林屋成一郎

編集　栗田亘、村上芳子、大住兼正、菊地貴広、山田吉之
講演・マネジメント事業　斎藤和佳、志水公美
メディア開発　池田剛、中山景、中村悟志、長野太介
管理部　八木宏之、早坂裕子、生越こずえ、名児耶美咲、金井昭彦
マネジメント　坂下毅
発行人　高橋克佳

発行所　株式会社アスコム

〒105-0003
東京都港区西新橋2-23-1　3東洋海事ビル
編集局　TEL：03-5425-6627
営業局　TEL：03-5425-6626　FAX：03-5425-6770

印刷・製本　株式会社光邦

Printed in Japan ISBN 978-4-7762-1170-9